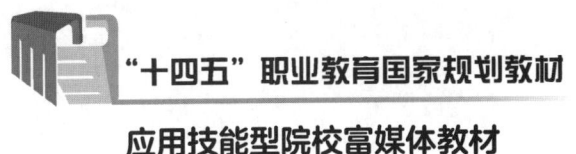

"十四五"职业教育国家规划教材

应用技能型院校富媒体教材

会计岗位项目实训

（第三版）

薛松／主　编
张平／副主编

图书在版编目(CIP)数据

会计岗位项目实训 / 薛松主编. —3 版. —上海：立信会计出版社，2024.1(2024.7 重印)
ISBN 978-7-5429-7553-9

Ⅰ.①会⋯ Ⅱ.①薛⋯ Ⅲ.①会计学—职业教育—教材 Ⅳ.①F230

中国国家版本馆 CIP 数据核字(2024)第 011550 号

策划编辑　　王斯龙
责任编辑　　王斯龙
美术编辑　　吴博闻

会计岗位项目实训(第三版)

KUAIJI GANGWEI XIANGMU SHIXUN

出版发行	立信会计出版社
地　　址	上海市中山西路 2230 号　　邮政编码　200235
电　　话	(021)64411389　　传　　真　(021)64411325
网　　址	www.lixinph.com　　电子邮箱　lixinaph2019@126.com
网上书店	http://lixin.jd.com　　http://lxkjcbs.tmall.com
经　　销	各地新华书店
印　　刷	常熟市人民印刷有限公司
开　　本	787 毫米×1092 毫米　1/16
印　　张	20.5
字　　数	498 千字
版　　次	2024 年 1 月第 3 版
印　　次	2024 年 7 月第 2 次
书　　号	ISBN 978-7-5429-7553-9/F
定　　价	49.50 元

如有印订差错，请与本社联系调换

第三版前言

"财务会计实务"课程是一门实践性和操作性很强的课程,为了培养满足社会需求的应用型会计人才,对在校的职业院校学生进行仿真实训操作训练十分关键,而为了保证实训的教学效果,就必须要有一套与"财务会计实务"课程相配套的、体现岗位教学要求的实训教材。正是基于这样的思考,我们编写了本教材。

本教材是"十四五"职业教育国家规划教材。本教材从总体上讲内容完整、系统、新颖,可操作性强,紧跟会计岗位核算需求。具体而言,本教材有以下两个方面的特色:

(1)在编写体例上,本教材打破了传统会计类实训教材的模式,以一个真实的主体企业账项为依据,突出以企业的会计岗位为独立实训项目,综合了相关课程的核心内容和会计处理方法,培养学生认知分析原始凭证,正确进行会计处理,从而掌握会计相关岗位业务核算,并编制报表的综合实训能力。

(2)本教材涉及的经济业务全部用真实的原始凭证来体现,没有任何的文字提示,且所有业务涉及的原始凭证均为目前会计实务工作中的最新格式。主体企业为同一家主体企业,但是不同岗位之间的业务不具有连贯性,重点体现分岗位实训的特点。

在本教材的撰写过程中,教材编写成员通力合作,搜集各种单据、凭证,同时也借鉴了其他相关的参考书目,在此表示感谢。本教材可以作为财会类专业的实训教材,也可以作为社会人士自学用书。由于编者水平有限,教材中可能有欠妥之处,恳请广大读者和专家批评指正。

编　者
2024年1月

目录 Contents

第一部分　工作准备

准备一 会计岗位项目实训的目的 …………………………………………… 3

准备二 会计岗位项目实训的要求 …………………………………………… 4
　一、记账凭证的编制要求 …………………………………………………… 4
　二、会计账簿的登记要求 …………………………………………………… 4
　三、财务报表的编制要求 …………………………………………………… 6

准备三 会计岗位项目实训的基本资料 ……………………………………… 7
　一、公司基本情况 …………………………………………………………… 7
　二、北京恒盛的主要会计政策 ……………………………………………… 7
　三、主要税费 ………………………………………………………………… 9
　四、会计核算形式 …………………………………………………………… 9
　五、期初资料 ………………………………………………………………… 9
　六、经济业务 ………………………………………………………………… 18

准备四 登账要求 ……………………………………………………………… 19

准备五 会计岗位项目实训的参考课时 ……………………………………… 21

第二部分　工作项目

项目一

| 出纳岗位货币资金项目 ··· **25** |

一、出纳岗位职责 ··· 25
二、出纳岗位素质要求 ·· 25
三、实训任务 ··· 26

项目二

| 债权债务核算岗位往来款项项目 ································· **61** |

一、债权债务岗位职责 ·· 61
二、债权债务岗位素质要求 ······································· 61
三、实训任务 ··· 61

项目三

| 财产物资核算岗位存货项目 ····································· **91** |

一、财产物资岗位职责 ·· 91
二、财产物资岗位素质要求 ······································· 91
三、实训任务 ··· 91

项目四

| 财产物资核算岗位固定资产项目 ······························· **123** |

一、财产物资岗位职责 ··· 123
二、财产物资岗位素质要求 ······································ 123
三、实训任务 ·· 123

项目五

| 财产物资核算岗位　其他资产项目 ····························· **165** |

一、财产物资岗位职责 ··· 165
二、财产物资岗位素质要求 ······································ 165
三、实训任务 ·· 165

项目六

债权债务核算岗位负债项目 ·· **195**

一、债权债务岗位职责 ·· 195
二、债权债务岗位素质要求 ·· 195
三、实训任务 ·· 195

项目七

债权债务核算岗位所有者权益项目 ·· **223**

一、债权债务岗位职责 ·· 223
二、债权债务岗位素质要求 ·· 223
三、实训任务 ·· 223

项目八

财务成果核算岗位收入、费用和利润项目 ······································ **245**

一、财务成果核算岗位职责 ·· 245
二、财务成果核算岗位素质要求 ·· 245
三、实训任务 ·· 245

项目九

资本基金核算岗位金融资产项目 ·· **283**

一、资本基金核算岗位职责 ·· 283
二、资本基金核算岗位素质要求 ·· 283
三、实训任务 ·· 283

项目十

总账报表岗位会计报表编制项目 ·· **315**

一、总账报表岗位职责 ·· 315
二、总账报表岗位素质要求 ·· 315
三、实训任务 ·· 315

第一部分

工作准备

准备一　会计岗位项目实训的目的

通过本实训课程使学生全面系统地掌握分岗位会计核算的具体要求,培养学生认知分析原始凭证,正确进行会计处理,从而掌握会计相关岗位业务核算,并编制报表的综合实训能力。具体包括以下几个方面:

(1) 直观了解记账凭证应具备的基本要素,熟悉会计岗位上各种常用记账凭证的样式,掌握记账凭证填制的基本操作技能和技巧。

(2) 直观了解各类账簿的基本结构,熟悉各类账簿的账页格式,掌握账簿的启用、设置、登记、对账、结账等的基本操作技能和技巧。

(3) 直观了解主要财务报表的编制依据,熟悉主要财务报表的基本结构,掌握编制财务报表的基本技能和技巧。

准备二　会计岗位项目实训的要求

一、记账凭证的编制要求

（1）记账凭证各项内容必须完整。

（2）记账凭证应连续编号。如果一笔经济业务需要填制两张以上的记账凭证，可以采用分数编号法编号，比如：$1\frac{1}{2}$、$1\frac{2}{2}$。

（3）记账凭证的书写应清楚、规范。

（4）记账凭证可以根据每一张原始凭证填制，或者根据若干张同类原始凭证汇总填制，也可以根据原始凭证汇总表填制，但是不得将不同内容和类别的原始凭证汇总填制在一张记账凭证上。

（5）除结账和更正错误的记账凭证可以不附原始凭证外，其他记账凭证必须附有原始凭证。记账凭证上应注明原始凭证的张数，以便核对摘要及所编会计分录的正确性。如果一张原始凭证需要填制两张及以上记账凭证的，应在未附原始凭证的记账凭证上注明其原始凭证已附在某张记账凭证后，以便查阅。

（6）填制记账凭证时若发生错误，应当重新填制。已登记入账的记账凭证在当年内发现填写错误时，可以用红字填写与原内容相同的记账凭证，在摘要栏注明"注销某月某日某号凭证"字样，同时用蓝字重新填制正确的记账凭证，注明"订正某月某日某号凭证"字样。如果会计科目没有错误，只是金额错误，也可将正确数字与错误数字之间的差额另外编制调整的记账凭证，调整金额用蓝字，调减金额用红字。发现以前年度记账凭证有错误的，应当用蓝字填制更正的记账凭证。

（7）记账凭证的内容填制完整后，如有空行，应当自金额栏最后一笔金额数字下的空行处至合计数上的空行处划线注销。

二、会计账簿的登记要求

1. 准确完整

登记会计账簿时，应当将会计凭证日期、编号、业务内容摘要、金额和其他有关资料逐项记入账内，做到数字准确、摘要清楚、登记及时、字迹工整。对每一项会计事项，一方面要记入有关的总账，另一方面要记入该总账所属的明细账。账簿记录中的日期，应该填写记账凭证上的日期；以自制的原始凭证，如收料单、领料单等，作为记账依据的，账簿记录中的日期应按有关自制凭证上的日期填列。

2. 注明记账符号

登记完会计账簿后,要在记账凭证上签名或者盖章,并标记已经登账的符号,表示已经记账,以免发生重记或漏记。一般情况下,记账凭证上均设有专门的栏目供标记已记账的符号。

3. 文字和数字必须整洁清晰,准确无误

在登记书写时,不要滥造简化字,不得使用同音异义字,不得写怪字体;摘要文字紧靠左线;数字要写在金额栏内,不得越格错位、参差不齐;文字、数字字体大小适中,紧靠下线书写,上面要留有适当空距,一般应占格宽的 1/2,以备按规定的方法改错。记录金额时,如为没有角分的整数,应分别在角分栏内写上"0",不得省略不写,或以"—"号代替。阿拉伯数字一般可自左向右适当倾斜,以使账簿记录整洁清晰。为防止字迹模糊,墨迹未干时不要翻动账页;夏天记账时,可在手臂下垫一块软质布或纸板等书写,以防汗浸。

4. 正常记账使用蓝黑墨水

登记账簿要用蓝黑墨水或者碳素墨水书写,不得使用圆珠笔(银行的复写账簿除外)或者铅笔书写。在会计的记账书写中,数字的颜色是重要的语素之一,它同数字和文字一起传达出会计信息。如同数字和文字错误会表达错误的信息,书写墨水的颜色用错了,其导致的概念混乱也不亚于数字和文字错误。

5. 特殊记账使用红墨水

下列情况可以用红色墨水记账:①按照红字冲账的记账凭证,冲销错误记录;②在不设借贷等栏的多栏式账页中,登记减少数;③在三栏式账户的余额栏前,如未印明余额方向的,在余额栏内登记负数余额;④根据国家统一会计制度的规定可以用红字登记的其他会计记录。

6. 顺序连续登记

各种账簿按页次顺序连续登记,不得跳行、隔页。如果发生跳行、隔页,更不得随便更换账页和撤出账页,作废的账页也要留在账簿中,如果发生跳行、隔页,应当将空行、空页划线注销,或者注明"此行空白""此页空白"字样,并由记账人员签名或者盖章。这对堵塞在账簿登记时可能出现的漏洞,是十分必要的防范措施。

7. 结出余额

凡需要结出余额的账户,结出余额后,应当在"借或贷"栏内写明"借"或者"贷"等字样。没有余额的账户,应当在"借或贷"栏内写"平"字,并在余额栏内用"0"表示。现金日记账和银行存款日记账必须逐日结出余额。一般说来,对于没有余额的账户,在"余额"栏内标注的"0"应当放在元位。

8. 过次承前

每一账页登记完毕结转下页时,应当结出本页合计数及余额,写在本页最后一行和下页第一行有关栏内,并在摘要栏内注明"过次页"和"承前页"字样;也可以将本页合计数及金额只写在下页第一行有关栏内,并在摘要栏内注明"承前页"字样。也就是说,过次页和承前页的方法有两种:一是在本页最后一行内结出发生额合计数及余额,然后过次页并在次页第一行注明承前页;二是只在次页第一行承前页写出发生额合计数及余额,不在上页最后一行结出发生额合计数及余额后过次页。

9. 登记发生错误时,必须按规定方法更正

严禁刮、擦、挖、补,或使用化学药物清除字迹。发现差错必须根据差错的具体情况采用划线更正、红字更正、补充登记等方法更正。

三、财务报表的编制要求

1. 真实可靠

财务报表指标应当如实反映企业的财务状况、经营成果和现金流量。保证财务报表真实可靠,其需要做的准备工作有:①企业在编制年度财务报表前,应按照规定,全面清查资产、核实债务;②核对各会计账簿记录与会计凭证的内容、金额等是否一致,记账方向是否相符;③依照规定的结账日进行结账,结出有关会计账簿的余额和发生额,并核对各会计账簿之间的余额;④检查相关的会计核算是否按照国家统一的会计制度规定进行;⑤对于国家统一的会计制度没有规定统一核算方法的交易或事项,检查其是否按照会计核算的一般原则进行确认和计量以及相关账务处理是否合理;⑥检查是否存在因会计差错、会计政策变更等原因需要调整前期或者本期相关项目的内容。在前款规定工作中发现问题的,应当按照国家统一的会计制度的规定进行处理。

2. 全面完整

财务报表应当反映企业生产经营活动的全貌,全面反映企业的财务状况、经营成果和现金流量。保证财务报表的全面完整的措施有:①企业应当按照规定的财务报表的格式和内容编制财务报表;②企业应按规定编报国家要求提供的各种财务报表,对于国家要求填报的有关指标和项目,应按照有关规定填列。

3. 前后一致

编制财务报表依据的会计方法,前后期间应当遵循一致性原则,不能随意变更。如果确需改变某些会计方法,应在报表附注中说明改变的原因及改变后对报表指标的影响。

4. 编报及时

企业应根据有关规定,按月、按季、按半年、按年及时对外报送财务报表。财务报表的报送期限,由国家统一规定:①月报应于月度终了后 6 天内(节假日顺延,下同)对外提供;②季报应于季度终了后 15 天内对外提供;③半年度报应于年度中期结束后 60 天内(相当于两个连续的月份)对外提供;④年报应于年度终了后 4 个月内对外提供。

5. 相关可比

财务报表的相关可比,是指企业财务报表所提供的财务会计信息必须与财务报表使用者的决策相关,并且便于财务报表的使用者在不同企业之间及同一企业前后各期之间进行比较。

6. 便于理解

便于理解,是指财务报表所提供的会计信息应当清晰、明了,便于使用者理解和利用。

准备三　会计岗位项目实训的基本资料

一、公司基本情况

企业简称:北京恒盛

企业名称:北京恒盛有限公司

企业增值税类型:一般纳税人企业

所在地区:北京市东城区

社会信用代码:911101017690690112

企业地址:北京市东城区王连街楼小路75号

企业电话号码:010-61744362

法定代表人(董事长):朱雅颜

单位负责人(总经理):张艳辉

会计机构负责人(财务部经理):洪媚儿

预留银行印鉴:北京恒盛有限公司财务专用章和法定代表人私章

企业基本户开户行:中国建设银行北京市东城区支行 41622124077014

企业一般存款户:交通银行北京市东城区支行 41924996426573

证券交易结算资金账户:2519371341

二、北京恒盛的主要会计政策

(1) 北京恒盛有限公司(以下简称公司)为有限责任公司,是增值税一般纳税人,不属于可以享受固定资产加速折旧企业所得税政策的行业。公司下设办公室、财务部、采购部、销售门市、生产车间,执行《企业会计准则》。公司对外报送财务报表的相关负责人如下:单位负责人为朱雅颜;单位负责人(主管会计工作)为张艳辉;会计机构负责人为洪媚儿。

(2) 会计期间分为年度和中期,会计年度为自公历1月1日起至12月31日,中期包括月度、季度和半年度。

(3) 以人民币为记账本位币。

(4) 采用科目汇总表账务处理程序进行账务处理。

(5) ①存货按实际成本法核算。原材料及包装物发出计价采用月末一次加权平均法;材料的共同运费按数量分配,分配率保留4位小数,尾差计入最后一个对象;库存商品发出计价采用月末一次加权平均法;工程物资发出计价采用先进先出法;委托加工发出材料计价采用先进先出法。发出存货单位成本保留2位小数,如有尾差计入结存存货成本。周转材料价值摊销采用一次摊销法。原材料及周转材料发生盘盈时,按最近一次不含税买价作为入账价值;库存商品发生盘盈时,按当月完工入库的该库存商品的单位成本作为入账价值。② 主要生产甲、乙两种产品,生产每件甲、乙产品需耗用Q101和W201两种材料。本月投产产品均按照生产耗用数量领用原材料,未发生损耗。

(6) 产品成本计算采用品种法,设置直接材料、直接人工、制造费用三个成本项目。其中:①原材料在生产开始时一次性投入;共同耗用的材料采用按产品产量分配进行分配,分配率保留4位小数,尾差计入最后一个对象;②工资及五险一金分配采用实际生产工时进行分配,分配率保留4位小数,尾差计入最后一个对象;③五险一金中,企业承担的部分为养老保险金19%,医疗保险金10%,失业保险金0.8%,工伤保险金0.2%,生育保险金0.8%,住房公积金12%;④五险一金中,个人承担的部分为养老保险金8%,医疗保险金2%,失业保险金0.2%,住房公积金12%。

(7) 制造费用按生产工时比例在各种产品之间分配,分配率保留4位小数,尾差计入最后一个对象。

(8) 生产费用在完工产品与在产品之间的分配采用约当产量法,分配率保留4位小数,尾差计入月末在产品成本。

(9) 发生的福利费能分清部门的则根据部门记入相应的科目,如果不能分清的则全部记入"管理费用"科目。

(10) 计提工会经费的比例为2%,计提职工教育经费的比例为2.5%,根据不同部门分别记入相应的会计科目。

(11) 固定资产确认条件。固定资产是指为生产商品、出租或者经营管理而持有的,使用年限超过1年,单位价值较高的有形资产。固定资产以取得时的实际成本入账(其中,购置汽车的入账成本包括印花税、车辆购置税、牌照费用),并从到达预定可使用状态的次月采用年限平均法计提折旧。净残值率为4%,折旧年限分别为:房屋建筑物20年,生产设备10年,运输设备15年,电子设备3年,工具器具5年。折旧率保留4位小数(采用小数点形式),月折旧额保留2位小数。

(12) 期间费用(电费等)按实际用量进行分摊。

(13) 适用的增值税税率为13%,会计处理时各期确认的应交增值税进项税额应当与当期增值税纳税申报表保持口径一致;当期取得的增值税专用发票已在取得发票当天全部办妥认证手续(不考虑待认证情况);企业的增值税专用发票符合抵扣规定的均已抵扣并取得认证清单。

(14) 城市维护建设税税率为7%;教育费附加征收率为3%;地方教育附加征收率为2%。

(15) 企业所得税税率为25%,季度按照实际利润额计算预缴企业所得税。截止到2022年12月31日,以前各年度应纳税所得额均大于零,不存在不征税收入、免税收入、减免所得税额,且截止到2023年4月30日无欠缴及多缴所得税情况。

(16) 递延所得税资产和负债按年确认和转销;企业如果涉及转让专利业务,转让专利不符合免税政策。

(17) 应收款项(应收账款及其他应收款)的坏账准备采用余额百分比法计提,计提比例为5%。

(18) 无形资产的摊销采用直线法,土地使用权的摊销期限为50年,其他无形资产摊销期限为10年。

(19) 金融商品转让涉及的增值税暂不予以处理。

(20) 涉及金融资产、股权投资的公允价值变动损益、资本公积、其他综合收益的结转均与相关业务合并编制一张记账凭证。

(21) 交易性金融资产以公允价值计量,按月确认公允价值变动。

(22) 投资性房地产按成本模式计量。

(23) 每月月末按照实际天数计算提取贷款利息。银行于每月20日收取其发放贷款的利息,涉及同一银行同日扣取多笔利息支出的,编制一张复合记账凭证。

(24) 对涉及销货与购货退回、销售折让及冲销上月暂估入库的业务均编制红字记账凭证;对涉及销货退回的业务还应同时结转成本。

(25) 涉及待抵扣进项税额的业务,编制一笔复合分录。

三、主要税费

(1) 增值税:按照产品、原材料等销售收入的13%计算缴纳,按月申报。

(2) 城市维护建设税:按照实际缴纳的增值税的7%计算缴纳,按月申报。

(3) 教育费附加:按照实际缴纳的增值税的5%计算缴纳,其中,3%为教育费附加,2%为地方教育附加,按月申报。

(4) 企业所得税:适用税率25%,企业所得税征收方式为查账征收,查账征收方式计税依据按实际利润额,企业所得税预缴方式为按季预缴,年终汇算清缴。

(5) 房产税及城镇土地使用税:自有房屋按照房屋原值的70%为计税基数,税率为1.2%,按季申报;出租房屋按照租金收入的12%计缴,按月申报。

四、会计核算形式

公司采用科目汇总表核算形式,按旬汇总。其中:

(1) 凭证组织。公司采用通用记账凭证和科目汇总表。凭证编号按照实训中提供的业务顺序编号,一笔经济业务如果需要编制多张记账凭证的,采用分数编号法。

(2) 账簿组织。公司开设总账、日记账和明细账。其中,日记账采用三栏式账页;原材料、库存商品、周转材料等存货明细账采用数量金额式账页;应交增值税、生产成本、收入、费用类以及制造费用等明细账采用多栏式账页,其他明细账及总账采用三栏式账页。

五、期初资料

北京恒盛有限公司2023年12月份期初资料如下。(注:本实训教材中各实训项目间无联系,共用一个期初余额资料)

北京恒盛有限公司 2023 年 12 月份期初资料　　金额单位：元

总账科目	明细账科目	借方余额	贷方余额	数量	单位
库存现金		5 000.00			
银行存款	中国建设银行北京市东城区支行——41622124077014	5 134 000.00			
	交通银行北京市东城区支行——41924996426573	260 390.00			
其他货币资金	外埠存款——41622123988955	30 000.00			
	银行本票				
	银行汇票				
	信用卡				
	信用证保证金				
	承兑保证金——中国建设银行北京市东城区支行——41497202777966	1 000.00			
	存出投资款——2519371341	1 200 000.00			
交易性金融资产	股票——S 公司——成本				
	股票——S 公司——公允价值变动				
	债券——X 公司——成本				
	债券——X 公司——公允价值变动				
	基金——Z 基金——成本				
	基金——Z 基金——公允价值变动				
	权证——M 权证——成本				
	权证——M 权证——公允价值变动				
应收票据	中祥销售有限公司	120 000.00			
	恬程电子科技有限公司	85 000.00			
	吴天机电有限公司	51 940.00			
	常州阳光有限公司	23 400.00			
应收账款	海天化工有限公司	45 000.00			
	常州佳业股份有限公司	117 000.00			
	苏州宏程股份有限公司	30 000.00			
	南京宝利机电有限公司	15 850.00			
	徐州天华有限公司	15 210.00			
预付账款	江苏省电力股份有限公司徐州市分公司	50 000.00			
	南京米奇有限公司	20 000.00			
	T 公司	10 900.00			
	常州阳光有限公司	12 870.00			
	财产保险费				
	汽车保险费				

(续表)

总账科目	明细账科目	借方余额	贷方余额	数量	单位
	报纸杂志费				
	房屋租赁费				
	设备租赁费				
应收股利	被投资单位名称(例如:S公司)				
	T公司	10 900.00			
应收利息	被投资单位名称(例如:××公司)				
其他应收款	A员工	5 000.00			
	B公司	32 437.00			
坏账准备	应收账款坏账准备		2 100.00		
	其他应收款坏账准备		1 000.00		
材料采购	Q101				
在途物资	W201				千克
	Q101	3 000.00		100	千克
原材料	Q101	66 000.00		3 000	千克
	W201	225 000.00		5 000	千克
材料成本差异	按品种或类别				
库存商品	甲	125 000.00		2 500	件
	乙	45 000.00		1 500	件
发出商品	商品类别和品种				
委托加工物资	M	200 000.00			
周转材料	包装物——包装箱	1 800.00		180	个
其他权益工具投资	股票——无锡荣轩有限公司——成本	20 000 000.00			
长期股权投资	淮安凤翔设备有限公司——投资成本40%	150 000.00			
	淮安凤翔设备有限公司——损益调整	20 000.00			
	无锡中超有限公司——投资成本35%	90 000.00			
	T公司——其他综合收益				
固定资产	生产设备——××	15 000.00			
	运输工具——××	200 000.00			
	电子设备——××	50 000.00			
	房屋及建筑物——办公楼	2 000 000.00			
	工具器具及家具——××	8 000.00			
	生产设备——T	50 000.00			
	融资租入固定资产——××				
累计折旧			273 145.98		
无形资产	专利权——A	30 000.00			

(续表)

总账科目	明细账科目	借方余额	贷方余额	数量	单位
	商标权——B		50 000.00		
	商标权——××		12 000.00		
累计摊销	专利权——××		5 000.00		
	商标权——××		10 000.00		
递延所得税资产	可抵扣暂时性差异项目明细	173 155.52			
待处理财产损溢	待处理流动资产损溢				
	待处理固定资产损溢				
短期借款	交通银行北京市东城区支行——合同号:00091		220 000.00		
	交通银行北京市东城区支行——合同号:00093				
应付票据	江苏恒大有限公司		58 500.00		
应付账款	南通云意有限公司		120 000.00		
	大丰瑞丰有限公司		23 400.00		
	南京飞科有限公司		10 320.00		
	南京金利机电有限公司		166 700.00		
预收账款	常州大明有限公司		100 000.00		
合同负债	北京冠星汽车有限公司		5 000.00		
应付职工薪酬	工资		77 797.16		
	职工福利				
	社会保险费——医疗保险		7 977.89		
	设定提存计划——养老保险		19 944.71		
	设定提存计划——失业保险		1 495.85		
	社会保险费——生育保险		797.78		
	社会保险费——工伤保险		498.61		
	住房公积金		6 900.00		
	工会经费				
	职工教育经费				
应交税费	未交增值税		84 085.21		
	待抵扣进项税额				
	简易计税				
	转让金融商品应交增值税				
	应交所得税		36 715.88		
	应交城市维护建设税		5 885.96		
	应交教育费附加		2 522.56		
	应交地方教育附加		1 681.70		
	应交个人所得税		598.21		

(续表)

总账科目	明细账科目	借方余额	贷方余额	数量	单位
应付利息	短期借款——交通银行北京市东城区支行——合同号:00091		916.67		
应付股利	C公司				
	D公司				
其他应付款	苏州旅财有限公司		2 340.00		
	社会保险费——医疗保险				
	设定提存计划——养老保险				
	设定提存计划——失业保险				
	住房公积金				
长期借款	交通银行北京市东城区支行——合同号：55315——本金				
	交通银行北京市东城区支行——合同号：55315——利息调整				
实收资本	C公司		374 258.12		
	D公司		368 921.76		
资本公积	资本溢价		60 000.00		
	其他资本公积				
其他综合收益	其他权益工具				
	其他债权				
盈余公积	法定盈余公积		276 724.47		
	任意盈余公积		17 649.86		
本年利润			2 767 244.70		
利润分配	未分配利润		25 688 729.44		
生产成本	基本生产成本——甲——直接材料	5 000.00			
	基本生产成本——甲——直接人工	3 000.00			
	基本生产成本——甲——制造费用	1 000.00			
	基本生产成本——乙——直接材料				
	基本生产成本——乙——直接人工				
	基本生产成本——乙——制造费用				
制造费用	××车间——办公费				
	房租				
	财产保险费				
	物业管理费				
	水电费				
	市内交通费				
	差旅费				

(续表)

总账科目	明细账科目	借方余额	贷方余额	数量	单位
	通讯费				
	工资				
	职工福利费				
	社会保险费				
	住房公积金				
	工会经费				
	职工教育经费				
	机物料消耗				
	低值易耗品摊销				
	折旧费				
	季节性停工损失				
	摊销租入固定资产改良支出				
研发支出	费用化支出				
	资本化支出				
主营业务收入	商品销售收入——甲				
其他业务收入	出租固定资产收入				
	出租无形资产收入				
	出租包装物和商品收入				
	材料销售收入				
	包装物销售收入				
	没收押金收入				
公允价值变动损益	交易性金融资产公允价值变动				
	投资性房地产公允价值变动				
投资收益	交易手续费				
	股利收入				
	利息收入				
	出售金融资产收益——出售金融商品收益				
	出售金融资产收益——出售股权收益				
	出售长期股权投资收益				
	被投资单位损益调整				
营业外收入	非流动资产处置利得				
	非货币资产交换利得				
	债务重组利得				
	政府补助				
	盘盈利得				

(续表)

总账科目	明细账科目	借方余额	贷方余额	数量	单位
	捐赠利得				
	违约金收入				
	没收加收押金收入				
	罚款收入				
	无法偿付的应付款项				
	其他				
主营业务成本	商品销售成本——甲				
其他业务成本	出租固定资产折旧额				
	出租无形资产摊销额				
	出租包装物和商品成本				
	材料销售成本				
	包装物销售成本				
税金及附加	资源税				
	消费税				
	城市维护建设税				
	教育费附加				
	地方教育附加				
	基金费				
	房产税				
	车船税				
	印花税				
	城镇土地使用税				
销售费用	包装费				
	广告宣传费				
	市内交通费				
	低值易耗品摊销				
	无形资产摊销费				
	工资				
	职工福利费				
	社会保险费				
	住房公积金				
	工会经费				
	职工教育经费				
	办公费				
	水电费				

(续表)

总账科目	明细账科目	借方余额	贷方余额	数量	单位
	差旅费				
	通讯费				
	折旧费				
	租赁费				
	固定资产维修费				
	摊销租入固定资产改良支出				
	财产保险费				
	汽车费用				
	会务费				
	商品维修费				
	预计商品质量保证损失				
	运输装卸费				
	样品费				
	商品保险费				
管理费用	开办费				
	咨询服务费				
	董事会费				
	诉讼费				
	聘请中介机构费				
	技术转让费				
	排污费				
	业务招待费				
	招聘费				
	交通费				
	低值易耗品摊销				
	无形资产摊销费				
	工资				
	职工福利费				
	社会保险费				
	住房公积金				
	工会经费				
	职工教育经费				
	办公费				
	水电费				
	差旅费				

(续表)

总账科目	明细账科目	借方余额	贷方余额	数量	单位
	通讯费				
	折旧费				
	租赁费				
	矿产资源补偿费				
	固定资产维修费				
	摊销租入固定资产改良支出				
	财产保险费				
	汽车费用				
	会务费				
	盘盈利得				
	盘亏损失				
	研究费用				
	物业管理费				
财务费用	汇兑损益				
	利息支出				
	利息收入				
	工本费及手续费				
	现金折扣				
资产减值损失	坏账损失				
	存货跌价损失				
	长期股权投资减值损失				
	持有至到期投资减值损失				
	固定资产减值损失				
	在建工程减值损失				
	无形资产减值损失				
营业外支出	非流动资产处置损失				
	非货币性资产交换损失				
	债务重组损失				
	捐赠支出				
	非常损失				
	盘亏损失				
	罚款支出				
	违约金支出				
	滞纳金				
所得税费用	当期所得税费用				

(续表)

总账科目	明细账科目	借方余额	贷方余额	数量	单位
	递延所得税费用				
以前年度损益调整					

六、经济业务

北京恒盛有限公司发生的经济业务取得的相关凭证见"第二部分　工作项目"。

准备四　登账要求

(1) 根据项目一"出纳岗位货币资金项目"的资料内容开设并登记"银行存款"日记账,开户行为中国建设银行北京市东城区支行,账号41622124077014的人民币户(登记"银行存款"日记账,不做每日合计)。

所给定账页第1行"年月日"栏为"2023年11月20日","摘要"栏为"承前页","借方金额"栏为"672 400.00","贷方金额"栏为"268 750.00","余额"栏为"532 000.00";第2行至第9行略;所给定账页第10行"年月日"栏为"2023年11月30日","摘要"栏为"本月合计及余额","借方金额"栏为"8 932 400.00","贷方金额"栏为"5 362 780.00","余额"栏为"5 134 000.00";请先将上述数据过入账页的相应行次,接着登记2023年12月份的"银行存款"日记款,并进行月度结账。

(2) 根据项目一"出纳岗位货币资金项目"的资料内容开设并登记"库存现金"日记账(登记"库存现金"日记账,不做每日合计)。

所给定账页第1行,"年月日"栏为"2023年11月20日","摘要"栏为"承前页","借方金额"栏为"4 100.00","贷方金额"栏为"1 800.00","余额"栏为"3 600.00";第2行至第5行略;所给定账页第6行"年月日"栏为"2023年11月30日","摘要"栏为"本月合计及余额","借方金额"栏为"8 600.00","贷方金额"栏为"4 300.00","余额"栏为"5 000.00";请先将上述数据过入账页的相应行次,接着登记2023年12月份的"库存现金"日记账,并进行月度结账。

(3) 请根据项目二"债权债务核算岗位往来款项项目"的资料内容开设并登记"应收账款"总账。总账采用科目汇总表账务处理程序,科目汇总表按照"按月记账凭证"汇总。(科目汇总表附后)

所给定账页第1行"年月日"栏为"2023年11月21日","摘要"栏为"承前页","借方金额"栏为"100 000.00","贷方金额"栏为"82 000.00","余额方向"栏为"借","余额"栏为"134 000.00";第2行至第5行略;所给定账页第6行"年月日"栏为"2023年11月30日","摘要"栏为"本月合计及金额","借方金额"栏为"162 000.00","贷方金额"栏为"127 000.00","余额方向"栏为"借","余额"栏为"223 060.00";请先将上述数据过入账页的相应行次,接着登记2023年12月份的"应收账款"总账,并进行月度结账。

(4) 请根据项目二"债权债务核算岗位往来款项项目"的资料内容开设并登记"应收账款——常州佳业股份有限公司"明细账。

所给定账页第1行"年月日"栏为"2023年11月20日","摘要"栏为"承前页","借方金额"栏为"80 000.00","贷方金额"栏为"39 000.00","余额方向"栏为"借","余额"栏为"120 000.00";第2行至第5行略;给所定账页第6行"年月日"栏为"2023年11月

30日","摘要"栏为"本月合计及余额","借方金额"栏为"113 200.00","贷方金额"栏为"99 600.00","余额方向"栏为"借","余额"栏为"117 000.00";请先将上述数据过入账页的相应行次,接着登记2023年12月份"应收账款——常州佳业股份有限公司"明细账,并进行月度结账。

(5)请根据项目八"财务成果核算岗位收入、费用和利润项目"的资料内容开设并登记"管理费用"总账。总账采用科目汇总表账务处理程序,科目汇总表按照"按月记账凭证"汇总。(科目汇总表附后)

所给定账页第1行"年月日"栏为"2023年11月20日","摘要"栏为"承前页","借方金额"栏为"67 200.00","贷方金额"栏为"46 100.00","余额方向"栏为"借","余额"栏为"21 100.00";第2行至第5行略;所给定账页第6行"年月日"栏为"2023年11月30日","摘要"栏为"本月合计及余额","借方金额"栏为"84 000.00","贷方金额"栏为"84 000.00","余额方向"栏为"平","余额"栏为"0.00";请先将上述数据过入账页的相应行次,接着登记2023年12月份"管理费用"总账,并进行月度结账。

(6)请根据项目八"财务成果核算岗位收入、费用和利润项目"的资料内容登记2023年12月份"管理费用"明细账。

所给定账页第1行"年月日"栏为"2023年11月20日","摘要"栏为"承前页","借方金额"栏为"67 800.00","贷方金额"栏为"34 200.00","借或贷"栏方向为"借","余额"栏为"33 600.00";第2行至第5行略;所给定账页第6行"年月日"栏为"2023年11月30日","摘要"栏为"本月合计及余额","借方金额"栏为"84 000.00","贷方金额"栏为"84 000.00","借或贷"栏方向为"平","余额"栏为"0.00";请先将上述数据过入账页的相应行次,接着登记2023年12月份"管理费用"明细账,并进行月度结账。

准备五　会计岗位项目实训的参考课时

本实训一般安排在"基础会计"课程和"财务会计实务"课程相关模块学习结束后进行。我们建议参考课时为 60 学时。各使用单位可以根据实际情况作相应调整。

本实训共需 200 张记账凭证、1 张资产负债表、1 张利润表、2 张科目汇总表、1 张"银行存款"日记账、1 张"库存现金"日记账、2 张总账账页、1 张三栏式明细账账页、1 张多栏式明细账账页。

第二部分

工作项目

项目一　出纳岗位货币资金项目

一、出纳岗位职责

1. 严格按照国家有关现金管理和银行结算制度的规定,办理现金收付和银行结算业务;认真执行现金管理制度及财务报销制度。

2. 认真审查各种报销或支出的原始凭证,对违反国家规定或有误差的,要拒绝办理报销手续;严格遵守现金开支范围,非现金结算范围不得用现金收付。

3. 严格执行库存现金限额,超限额的现金按规定及时送存银行;不准坐支现金,不准挪用现金,不准白条抵库,保证现金实存与现金账面一致。

4. 严格审核现金收付凭证,及时登记现金日记账、银行存款日记账等,书写整洁、数字准确、现金必须做到日清月结,每日编制资金流量表,每月编制银行存款余额调节表。

5. 负责与银行的各项支付、结算和对账工作,银行存款的账面金额要及时与银行对账单核对,收到支票应及时送存银行,对未达账款要及时查清,如有退票要及时追回。

6. 严格遵守支票管理及领用制度,建立支票收、领登记簿,责任落实到具体经办人员;使用支票必须按规定填写"支票领取单",经总经理签字后,方可到财务部门办理手续;不得签发空头支票,因特殊情况,确须签发不填金额的转账支票时,须在支票上写明收款单位名称、用途、签发日期。

7. 负责各种印章、空白收据及其他有价证券的保管;妥善保管各类票据,准确开具各类原始凭证,对凭证编制符合财务核算原则负责。

8. 加强现金管理,保证现金安全。

9. 严格遵守公司规章制度和财务制度;具备良好的道德品质和责任感,勤奋敬业、钻研业务,保守公司秘密。

10. 配合会计做好各种账务处理工作。

二、出纳岗位素质要求

1. 掌握财务知识,熟知国家相关法律法规、银行结算业务,具备良好的职业道德。

2. 熟悉现金、银行存款、票据相关规定以及业务流程和最新的政策变化,具备较强的政策水平。

3. 熟练使用相关财务软件,具备扎实的专业技能。

三、实训任务

1. 根据原始凭证编制记账凭证。
2. 开设并登记银行存款、库存现金的日记账。

出纳岗位货币资金项目

业务1　2023年12月1日，取得原始凭证2张。

提现申请单

2023 年 12 月 01 日

收 款 单 位	北京恒盛有限公司		
地　　　址	北京市东城区王连街楼小路 75 号	联系电话	010-61744362
收款人开户行	中国建设银行北京市东城区支行	开户账号	41622124077014
内　　容	备用金		
大　　写	人民币壹仟元整	￥1 000.00	

审批：洪媚儿　　　　　　　审核：谢小花　　　　　　　经办人：王颖宏

业务2　2023年12月2日，取得原始凭证1张。

中国建设银行　现金交款单
China Construction Bank

币别：人民币　　　　　　2023 年 12 月 02 日　　　　　　流水号：829258

单位填写	收款单位	北京恒盛有限公司	交 款 人	北京恒盛有限公司										
	账　号	41622124077014	款项来源	营业款	亿	千	百	十	万	千	百	十	元	角	分
	人民币（大写）	伍佰元整									￥	5	0	0	0	0
银行确认栏	会计确认栏： 收款账号：41622124077014 收款人户名：北京恒盛有限公司 缴款人名称：北京恒盛有限公司 交易码： 　　收付　金额 10111861　收　500.00 收入金额：500.00 实收金额：500.00 交易日期：2023-12-02		中国建设银行 北京市东城区支行 2023-12-02 办讫 (01) 现金回单(无银行打印记录及银行签章此单无效)												

复核　　　　　　　　　　录入　　　　　　　　　　出纳

业务3 2023年12月3日,取得原始凭证3张。

交通银行 进账单(回单) 1

2023 年 12 月 03 日

出票人	全称	北京恒盛有限公司	收款人	全称	北京恒盛有限公司
	账号	41622124077014		账号	41924996426573
	开户银行	中国建设银行北京市东城区支行		开户银行	交通银行北京市东城区支行

金额	人民币(大写)	贰仟元整				亿 千 百 十 万 千 百 十 元 角 分 ¥ 2 0 0 0 0 0

| 票据种类 | 转账支票 | 票据张数 | 1 |
| 票据号码 | 10501126 | | |

此联是开户银行交给持(出)票人的回单

交通银行 北京市东城区支行 2023-12-03 转讫 (01)

开户银行签章

复核　　记账

交通银行 进账单(收账通知) 3

2023 年 12 月 03 日

出票人	全称	北京恒盛有限公司	收款人	全称	北京恒盛有限公司
	账号	41622124077014		账号	41924996426573
	开户银行	中国建设银行北京市东城区支行		开户银行	交通银行北京市东城区支行

金额	人民币(大写)	贰仟元整				亿 千 百 十 万 千 百 十 元 角 分 ¥ 2 0 0 0 0 0

| 票据种类 | 转账支票 | 票据张数 | 1 |
| 票据号码 | 10501126 | | |

此联是收款人开户银行交给收款人的收账通知

交通银行 北京市东城区支行 2023-12-03 转讫 (01)

开户银行签章

复核　　记账

中国建设银行
转账支票存根
10501126

附加信息 付款行账号:
41622124077014

出票日期 2023 年 12 月 03 日
收款人：北京恒盛有限公司
金　额：¥2 000.00
用　途：资金划转
单位主管　　会计

业务4　2023年12月3日，取得原始凭证3张。

电子发票（增值税专用发票）

发票号码：23112000000000049487
开票日期：2023年12月03日

购买方信息	名称：北京恒盛有限公司 统一社会信用代码/纳税人识别号：911101012552442304				销售方信息	名称：北京宜鸿线材金属制品有限责任公司 统一社会信用代码/纳税人识别号：911101018998823673			
项目名称	规格型号	单位	数量	单价		金额	税率/征收率		税额
Q101		千克	100	30		3000.00	13%		390.00
合计						￥3000.00			￥390.00
价税合计(大写)	⊗ 叁仟叁佰玖拾元整					（小写）￥3390.00			
备注									

开票人：陈艳艳

收　料　单

供应单位：北京宜鸿线材有限公司　　2023年12月03日　　编号：SL

材料编号	名称	单位	规格	数量		实际成本			
				应收	实收	单价	发票价格	运杂费	总价
10001	Q101	千克		100	100				
备注：									

收料人：陈小雨　　　　　　　　　交料人：孙凤琴

业务5 2023年12月4日,取得原始凭证1张。

中国建设银行客户专用回单

币别:人民币　　　　　　　　2023年12月04日　　　流水号:110120027J0500810037

付款人	全　称	海天化工有限公司	收款人	全　称	北京恒盛有限公司
	账　号	41622124459907		账　号	41622124077014
	开户行	中国建设银行北京市丰台区支行		开户行	中国建设银行北京市东城区支行

金　额	人民币(大写) 肆万伍仟元整		(小写)¥45 000.00
凭证种类	网银	凭证号码	
结算方式	转账	用途	货款
		打印柜员:110125584257	
		打印机构:中国建设银行北京市东城区支行	
		打印卡号:41622124077014	

打印时间:2023-12-04　　　交易柜员:110125584268　　　交易机构:110159334

（中国建设银行 电子回单 专用章）

业务6 2023年12月6日,取得原始凭证1张。

中国建设银行银行汇(本)票申请书

币别:人民币　　　　　　　　2023年12月06日　　　流水号:00022625

业务类型	☑银行汇票　□银行本票	付款方式	☑转账　□现金
申请人	北京恒盛有限公司	收款人	北京欣华阳线材有限公司
账　号	41622124077014	账　号	41622124292959
用　途	货款	代理付款行	

金额	人民币(大写) 叁万叁仟玖佰元整	亿	千	百	十	万	千	百	十	元	角	分
					¥	3	3	9	0	0	0	0

（中国建设银行 北京市东城区支行 2023-12-06 办讫 (01)）

1679-1033-4234-2871

业务7　2023年12月6日，取得原始凭证3张。

电子发票（增值税专用发票）

发票号码：23112000000000077551
开票日期：2023年12月06日

购买方信息	名称：北京恒盛有限公司 统一社会信用代码/纳税人识别号：911101012552442304		销售方信息	名称：北京欣华阳线材有限公司 统一社会信用代码/纳税人识别号：911101029545463384	

项目名称	规格型号	单位	数量	单价	金额	税率/征收率	税额
Q101		千克	1000	30	30000.00	13%	3900.00
合计					¥30000.00		¥3900.00

价税合计（大写）　叁万叁仟玖佰元整　（小写）¥33900.00

备注：

开票人：满新春

收 料 单

供应单位：北京欣华阳线材有限公司　　2023年12月06日　　编号：SL

材料编号	名称	单位	规格	数量 应收	数量 实收	实际成本 单价	实际成本 发票价格	实际成本 运杂费	实际成本 总价
10001	Q101	千克		1 000	1 000				

备注：

收料人：陈小雨　　　　　　　　　　　　交料人：魏书菊

第二联　记账联

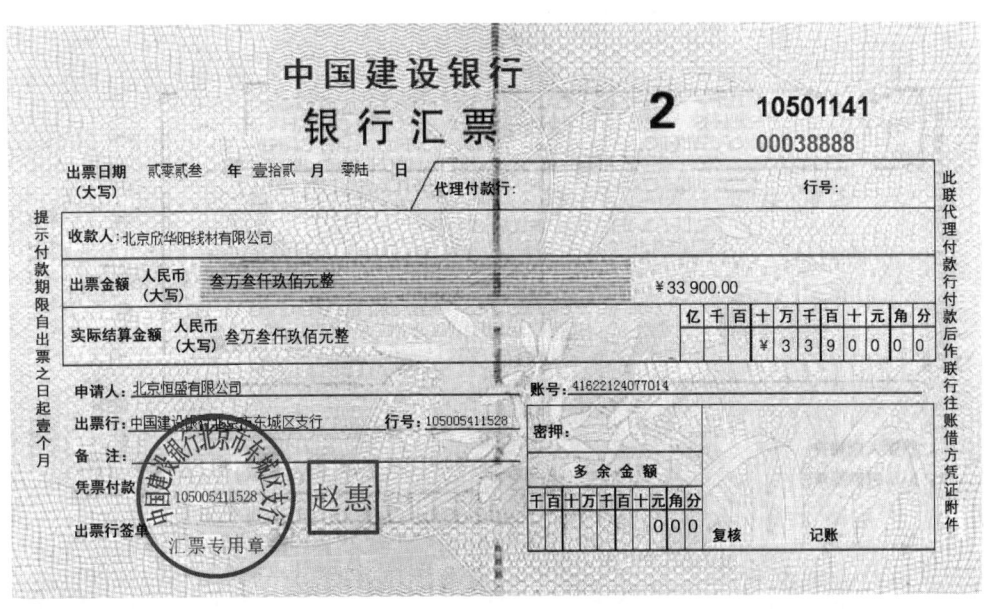

出纳岗位货币资金项目

业务8 2023 年 12 月 7 日，取得原始凭证 3 张。

销 售 单

购货单位：南京飞科有限公司
地址和电话：江苏省南京市鼓楼区薛文街李哲路 70 号 025-37207591　　单据编号：XS
纳税识别号：913201063187119821
开户行及账号：中国建设银行南京市鼓楼区支行 41622124250030　　制单日期：2023-12-07

编码	产品名称	规格	单位	单价	数量	金额	备注
KCSP001	甲		件	113.00	1 000	113 000.00	含税价
合计	人民币（大写）：壹拾壹万叁仟元整				—	￥113 000.00	

销售经理：王小欣　　　经手人：林旭阳　　　会计：谢小花　　　签收人：刘金花

电子发票（增值税专用发票）

发票号码：23112000000000081302
开票日期：2023年12月07日

购买方信息	名称：南京飞科有限公司	销售方信息	名称：北京恒盛有限公司
	统一社会信用代码/纳税人识别号：913201065599599261		统一社会信用代码/纳税人识别号：911101012552442304

	项目名称	规格型号	单位	数量	单价	金额	税率/征收率	税额
甲			件	1000	100	100000.00	13%	13000.00
	合计					￥100000.00		￥13000.00
	价税合计（大写）	⊗ 壹拾壹万叁仟元整				（小写）￥113000.00		
备注								

开票人：王颖宏

中国建设银行　进账单（收账通知）　3

2023 年 12 月 07 日

出票人	全 称	南京飞科有限公司	收款人	全 称	北京恒盛有限公司
	账 号	41622124250030		账 号	41622124077014
	开户银行	中国建设银行南京市鼓楼区支行		开户银行	中国建设银行北京市东城区支行
金额	人民币（大写）	壹拾壹万叁仟元整	亿千百十万千百十元角分		
			￥ 1 1 3 0 0 0 0 0		
票据种类	银行汇票	票据张数	2	中国建设银行北京市东城区支行 2023-12-07 收讫（01）开户银行签章	
票据号码	1050322649817120				
复核		记账			

业务9 2023年12月9日,取得原始凭证5张。

中国建设银行　进账单（回单）　1
2023年12月09日

出票人	全称	北京恒盛有限公司	收款人	全称	北京恒盛有限公司
	账号	41622124077014		账号	41497202777966
	开户银行	中国建设银行北京市东城区支行		开户银行	中国建设银行北京市东城区支行

金额	人民币（大写）	柒万零贰佰元整				亿	千	百	十	万	千	百	十	元	角	分
										¥	7	0	2	0	0	0

票据种类	转账支票	票据张数	1
票据号码	10501128		

中国建设银行
北京市东城区支行
2023-12-09
转讫(01)

开户银行签章

复核　　记账

此联是开户银行交给持（出）票人的回单

中国建设银行　进账单（收账通知）　3
2023年12月09日

出票人	全称	北京恒盛有限公司	收款人	全称	北京恒盛有限公司
	账号	41622124077014		账号	41497202777966
	开户银行	中国建设银行北京市东城区支行		开户银行	中国建设银行北京市东城区支行

金额	人民币（大写）	柒万零贰佰元整				亿	千	百	十	万	千	百	十	元	角	分
										¥	7	0	2	0	0	0

票据种类	转账支票	票据张数	1
票据号码	10501128		

中国建设银行
北京市东城区支行
2023-12-09
转讫(01)

开户银行签章

复核　　记账

此联是收款人开户银行交给收款人的收账通知

中国建设银行
转账支票存根
10501128

附加信息　付款行账号：
41622124077014

出票日期 **2023** 年 **12** 月 **09** 日

收款人：北京恒盛有限公司

金　额：￥70 200.00

用　途：支付承兑保证金

单位主管　　会计

中国建设银行　业务收费凭证

币别：人民币　　　2023年12月09日　　　流水号：23359058

付款人：北京恒盛有限公司　　账号：41622124077014

项目名称	工本费	手续费	电子汇划费	邮电费	金额
银行承兑		35.10			35.10

金额(大写)：叁拾伍元壹角整　　　　　　　　　　　　　　￥35.10

付款方式：银行转账

（盖章：中国建设银行 北京市东城区支行 2023-12-09 办讫(01)）

第一联　银行记账凭证

电子发票（增值税专用发票）

发票号码：23112000000000033068
开票日期：2023年12月09日

（盖章：国家税务总局 北京市税务局）

购买方信息	名称：北京恒盛有限公司 统一社会信用代码/纳税人识别号：911101012552442304					销售方信息	名称：中国建设银行北京市东城区支行 统一社会信用代码/纳税人识别号：9111016365362355			

项目名称	规格型号	单位	数量	单价	金额	税率/征收率	税额
*金融服务*直接收费金融服务		笔	1	33.11	33.11	6%	1.99
合计					￥33.11		￥1.99
价税合计(大写)	⊗ 叁拾伍元壹角整					(小写) ￥35.10	
备注							

开票人：刘海峰

出纳岗位货币资金项目

业务10 2023年12月9日，取得原始凭证3张。

电子发票（增值税专用发票）

发票号码：23322000000000037842
开票日期：2023年12月09日

购买方信息	名称：北京恒盛有限公司 统一社会信用代码/纳税人识别号：911101012552442304
销售方信息	名称：南京丰益有限公司 统一社会信用代码/纳税人识别号：913201154186989193

项目名称	规格型号	单位	数量	单价	金额	税率/征收率	税额
W201		千克	880	50	44000.00	13%	5720.00
合计					¥44000.00		¥5720.00

价税合计（大写）：肆万玖仟柒佰贰拾元整　　（小写）¥49720.00

备注：

开票人：张广兴

收 料 单

供应单位：南京丰益有限公司　　　　2023年12月09日　　　　编号：SL

材料编号	名称	单位	规格	数量		实际成本			
				应收	实收	单价	发票价格	运杂费	总价
10002	W201	千克		880	880				

备注：

收料人：陈小雨　　　　交料人：申金红

银行承兑汇票（存根）

3　　10501151 38091987

出票日期（大写）	贰零贰叁 年 壹拾贰月 零玖日		
出票人全称	北京恒盛有限公司	全称	南京丰益有限公司
出票人账号	41622124077014	账号	41622124871585
付款行名称	中国建设银行北京市东城区支行	开户银行	中国建设银行南京市江宁区支行
出票金额	人民币（大写）肆万玖仟柒佰贰拾元整		¥49720.00
汇票到期日（大写）	贰零贰肆年叁月零玖日	行号	105005411528
承兑协议编号	YHCD5690	地址	北京市东城区彭怀街孟立路29号

密押：

备注：　　　　复核　　经办

业务 11 2023 年 12 月 15 日,取得原始凭证 1 张。

中国建设银行客户专用回单

币别:人民币　　　　　　　　2023 年 12 月 15 日　　　　流水号:110120027J0500810033

付款人	全　称	北京恒盛有限公司	收款人	全　称	北京恒盛有限公司
	账　号	41622124077014		账　号	41622123988955
	开户行	中国建设银行北京市东城区支行		开户行	中国建设银行南通市港闸区支行
金额	人民币(大写)	叁万贰仟柒佰陆拾元整		(小写)¥32 760.00	
凭证种类	缴存外埠存款		凭证号码		
结算方式	缴存外埠存款		用途	货款	
			打印柜员:110125584257 打印机构:中国建设银行北京市东城区支行 打印卡号:41622124077014		

打印时间:2023-12-15　　　交易柜员:110125584268　　　交易机构:110115589

业务 12 2023 年 12 月 16 日,取得原始凭证 3 张。

电子发票(增值税专用发票)　　发票号码:23322000000000067078
　　　　　　　　　　　　　　　开票日期:2023年12月16日

购买方信息	名称:北京恒盛有限公司 统一社会信用代码/纳税人识别号:911101012552442304	销售方信息	名称:南通云意有限公司 统一社会信用代码/纳税人识别号:913206116954621386

项目名称	规格型号	单位	数量	单价	金额	税率/征收率	税额
W201		千克	528	50	26400.00	13%	3432.00
合计					¥26400.00		¥3432.00
价税合计(大写)	贰万玖仟捌佰叁拾贰元整				(小写)¥29832.00		
备注							

开票人:许晓云

收 料 单

供应单位:南通云意有限公司　　　2023 年 12 月 16 日　　　编号:SL

材料编号	名称	单位	规格	数量		实际成本			
				应收	实收	单价	发票价格	运杂费	总价
10002	W201	千克		528	528				
备注:									

收料人:陈小雨　　　　　　　　　　　　　　　　交料人:张彦洁

中国建设银行客户专用回单

币别：人民币　　　　　　2023年12月16日　　　流水号：320620027J0500810019

付款人	全　称	北京恒盛有限公司	收款人	全　称	南通云意有限公司
	账　号	41622123988955		账　号	41622124001300
	开户行	中国建设银行通市港闸区支行		开户行	中国建设银行南通市港闸区支行

金　额	（大写）人民币贰万玖仟捌佰叁拾贰元整	（小写）¥29 832.00
凭证种类	外埠存款	凭证号码
结算方式	外埠存款划出	用途　货款

打印柜员：320625584257
打印机构：中国建设银行南通市港闸区支行
打印卡号：41622123988955

打印时间：2023-12-16　　交易柜员：320625584268　　交易机构：320692127

业务13　2023年12月17日，取得原始凭证3张。

销　售　单

购货单位：昊天机电有限公司
地址和电话：北京市石景山区41街33路23号 010-76002592　　　单据编号：XS
纳税识别号：911101075336027682
开户行及账号：中国建设银行北京市石景山区支行 41622124524896

制单日期：2023年12月17日

编码	产品名称	规格	单位	单价	数量	金额	备注
KCSP001	甲		件	113.00	20	2 260.00	含税价
合计	人民币（大写）：贰仟贰佰陆拾元整				—	¥2 260.00	

销售经理：王小欣　　经手人：林旭阳　　会计：谢小花　　签收人：张彩顺

电子发票（增值税专用发票）

发票号码：23112000000000063512
开票日期：2023年12月17日

购买方信息	名称：昊天机电有限公司					销售方信息	名称：北京恒盛有限公司		
	统一社会信用代码/纳税人识别号：911101078467541442						统一社会信用代码/纳税人识别号：911101012552442304		

	项目名称	规格型号	单位	数量	单价	金额	税率/征收率	税额
甲			件	20	100	2000.00	13%	260.00
	合计					¥2000.00		¥260.00

价税合计（大写）	⊗ 贰仟贰佰陆拾元整	（小写）¥2260.00

| 备注 | |

开票人：王颖宏

收 款 收 据

2023 年 12 月 17 日　　　　　　　　　　No.

今收到 吴天机电有限公司

交来：货款

金额(大写) ⊗佰 ⊗拾 ⊗万 贰仟 贰佰 陆拾 零元 零角 零分

￥2 260.00　　☑现金　　□转账支票　　□其他

现金收讫

收款单位(盖章)

核准　　　会计　　　记账　　　出纳：王颖宏　　　经手人：杨爱忠

业务14　2023 年 12 月 18 日，取得原始凭证 2 张。

销 售 单

购货单位：海州家电有限公司

地址和电话：北京市海淀区 19 街 29 路 93 号 010-41872887　　　　单据编号：XS

纳税识别号：911101084194043895

开户行及账号：中国建设银行北京市海淀区支行 41622124936637　　制单日期：2023 年 12 月 18 日

编码	产品名称	规格	单位	单价	数量	金额	备注
KCSP002	乙		件	169.50	200	33 900.00	含税价
合计	人民币(大写)：叁万叁仟玖佰元整			—		￥33 900.00	

销售经理：王小欣　　经手人：林旭阳　　会计：谢小花　　签收人：齐伟华

电子发票(增值税专用发票)

发票号码：23112000000000095564

开票日期：2023 年 12 月 18 日

购买方信息	名称：海州家电有限公司 统一社会信用代码/纳税人识别号：911101088611801116			销售方信息	名称：北京恒盛有限公司 统一社会信用代码/纳税人识别号：911101012552442304		
	项目名称	规格型号	单位	数量	单价	金额	税率/征收率	税额
乙			件	200	150	30000.00	13%	3900.00
	合计					￥30000.00		￥3900.00
价税合计(大写)	⊗ 叁万叁仟玖佰元整　　　　　　　　(小写) ￥33900.00							
备注								

开票人：王颖宏

业务 15 2023 年 12 月 20 日,取得原始凭证 1 张。

中国建设银行　进账单(收账通知)　3

2023 年 12 月 20 日

出票人	全 称	海州家电有限公司	收款人	全 称	北京恒盛有限公司
	账 号	41622124936637		账 号	41622124077014
	开户银行	中国建设银行北京市海淀区支行		开户银行	中国建设银行北京市东城区支行
金额	人民币(大写)	叁万叁仟玖佰元整	亿千百十万千百十元角分　¥ 3 3 9 0 0 0 0		
	票据种类	转账支票	票据张数	1	中国建设银行北京市东城区支行 2023-12-20 办讫(01) 开户银行签章
	票据号码	1050112679819315			
		复核　　记账			

此联是收款人开户银行交给收款人的收账通知

业务 16 2023 年 12 月 21 日,取得原始凭证 2 张。

中国建设银行客户专用回单

币别:人民币　　　　2023 年 12 月 21 日　　　　流水号:110120027J0500810070

付款人	全 称	北京恒盛有限公司	收款人	全 称	天健会计师事务所有限公司
	账 号	41622124077014		账 号	41622124568247
	开户行	中国建设银行北京市东城区支行		开户行	中国建设银行北京市房山区支行
金 额	人民币(大写)	壹仟捌佰元整		(小写)¥1 800.00	
凭证种类	网银		凭证号码		
结算方式	转账		用途	支付咨询服务费	
			打印柜员:110125584825 打印机构:中国建设银行北京市东城区支行 打印卡号:41622124077014		

打印时间:2023-12-21　　交易柜员:110125584268　　交易机构:110110503

电子发票（增值税专用发票）

发票号码：23112000000000031906
开票日期：2023年12月20日

购买方信息	名称：北京恒盛有限公司 统一社会信用代码/纳税人识别号：911101012552442304				销售方信息	名称：天健会计师事务所有限公司 统一社会信用代码/纳税人识别号：911101118249330053		
项目名称	规格型号	单位	数量	单价	金额		税率/征收率	税额
*咨询服务*咨询费		次	1	1698.11	1698.11		6%	101.89
合计					¥1698.11			¥101.89
价税合计（大写）	⊗ 壹仟捌佰元整					（小写）¥1800.00		
备注								

开票人：王艺红

业务17 2023年12月23日，取得原始凭证2张。

中国建设银行客户专用回单

币别：人民币　　2023年12月23日　　流水号：110120027J0500810038

付款人	全 称	宏达保温容器制造有限公司	收款人	全 称	北京恒盛有限公司
	账 号	41622124933960		账 号	41622124077014
	开户行	中国建设银行北京市东城区支行		开户行	中国建设银行北京市东城区支行
金 额	人民币（大写）壹拾贰万伍仟元整			（小写）¥125 000.00	
凭证种类	网银		凭证号码		
结算方式	转账		用途	预付货款	

打印柜员：110125584268
打印机构：中国建设银行北京市东城区支行
打印卡号：41622124077014
电子回单

打印时间：2023-12-23　　交易柜员：110125584268　　交易机构：110171416

购销合同

购方：宏达保温容器制造有限公司　　　　　　　　合同编号：20231
销方：北京恒盛有限公司　　　　　　　　　　　　签订地点：北京市

供、需双方本着互利互惠、长期合作的原则，根据《中华人民共和国民法典》及双方的实际情况，就需方向供方采购事宜，订立本合同，以使双方在合同履行中共同遵守。

一、产品名称、数里、单价、金额：

产品名称	规格型号	计量单位	数量	单价	金额	备注
甲	KCSP001	件	2000	113	226000.00	含税金额
合计					￥22600.00	
合计人民币（大写）：贰拾贰万陆仟元整						

二、质量要求、技术标准、供方对质量负责的条件和期限:按合同企业标准

三、(1)交(提)货地点、方式：北京市东城区王连街楼小路75号

(2)交货日期:2024-01-07

四、付款时间与付款方式：购方与销方签订合同后的5个工作日内，购方向销方支付合同不含税金额的62.5%作为预付款，销方按照合同约定交货、安装、调试及试运行，并经购方组织的验收合格后的7个工作日内，购方向销方支付合同的剩余款项，付款方式:网银

五、运输方式及到站、港和费用负担：

六、合理损耗及计算方法:以实际数量验收。

七、包装标准、包装物的供应与回收:普通包装，不回收包装物。

八、验收标准、方法及提出异议期限：

货到需方7天内提出质量异议，不包括运输过程中造成的质量问题。

自收到货物的30天内可以提出退货，运费由购货方承担。

九、连约责任：按《中华人民共和国民法典》

十、解决合同纠纷的方式：双方协商解决。

十一、其他约定事项：

本合同一式两份，供、需双方各一份，经双方盖章后即生效。

十二、本合同产品不含税金额200000元，税率13%，税额26000元，并开具增值税专用发票。

购方(盖章)：宏达保温容器制造有限公司　　　　销方(盖章)：北京恒盛有限公司
单位地址：北京市东城区楼会路01号　　　　　　单位地址：北京市东城区王连街楼小路75号
电　　话：010-83708292　　　　　　　　　　　电　　话：010-61744362
签订日期：2023-12-18　　　　　　　　　　　　 签订日期：2023-12-18
开户银行：中国建设银行北京市东城区支行　　　开户银行：中国建设银行北京市的东城区支行
账　　号：41270133743896　　　　　　　　　　 账　　号：41622124077014

业务18 2023年12月25日,取得原始凭证2张。

北京市代收罚款收据

NO 7575592

2023 年 12 月 25 日

当事人:北京恒盛有限公司	执法机关代码:11012222
处罚决定书号:3534238	处罚日期:2023-12-25
罚款金额:¥2 000.00	没收款金额:中国建设银行北京市东城区支行 2023-12-25 办讫(01)
加收罚款金额:	
合计(小写):¥2 000.00	
合计金额(大写):贰仟元整	
上缴国库	预算级次
不准报销	

代收机构(章)　　　收款人张向华　　　复核人刘金花

中国建设银行转账支票存根
10501129
附加信息　付款行账号:41622124077014
出票日期 2023 年 12 月 25 日
收款人:环保局
金额:¥2 000.00
用途:罚款支出
单位主管　会计

业务19 2023年12月26日,取得原始凭证2张。

中国建设银行客户专用回单

币别:人民币　　　2023 年 12 月 26 日　　　流水号:110120027J0500810056

付款人	全称	北京恒盛有限公司	收款人	全称	速8连锁酒店有限公司
	账号	41622124077014		账号	41622124641470
	开户行	中国建设银行北京市东城区支行		开户行	中国建设银行北京市西城区支行
金额	人民币(大写)	壹仟贰佰元整		(小写)¥1 200.00	
凭证种类		网银	凭证号码		
结算方式		转账	用途		支付招待客户餐费
			打印柜员:110125584257 打印机构:中国建设银行北京市东城区支行 打印卡号:41622124077014		

打印时间:2023-12-26　　　交易柜员:110125584268　　　交易机构:110110509

发票号码：23112000000000061308
开票日期：2023年12月25日

购买方信息	名称：北京恒盛有限公司 统一社会信用代码/纳税人识别号：911101012552442304		销售方信息	名称：速8连锁酒店有限公司 统一社会信用代码/纳税人识别号：911101021692021866	
项目名称	规格型号	单位	数量	单价	金额	税率/征收率	税额
*餐饮服务*餐饮费		次	1	1132.08	1132.08	6%	67.92
合计					¥1132.08		¥67.92
价税合计（大写）	⊗ 壹仟贰佰元整				（小写） ¥1200.00		
备注							

开票人：高东飞

业务 20 2023 年 12 月 31 日，取得原始凭证 2 张。

库存现金盘点表

2023 年 12 月 31 日 　　　　　　　　　　　编号：201706

账存金额	实存金额	盘盈	盘亏	备注
10 500.00	10 700.00	200.00		

监盘人（签章）：谢小花　　　　　　　　　　　盘点人（签章）：王颖宏

现金盘盈盘亏处置结果表

2023 年 12 月 31 日

账存金额	实存金额	盘盈	盘亏
10 500.00	10 700.00	200.00	
财务部门意见： 无法查明原因，按《企业会计准则》处理。　　　　　　　　洪媚儿		公司领导意见： 同意　　　　　　　　　　　　　　　张艳辉	

项目二 债权债务核算岗位往来款项项目

一、债权债务岗位职责

1. 审核各类原始票据凭证的真实性、合法性和完整性。
2. 办理各项日常业务报销、业务收款,并编制会计凭证。
3. 办理预付款的结算,定期进行应收款对账,及时清理债权债务。
4. 办理收入收款手续,对已受理的经济业务进行账务处理。

二、债权债务岗位素质要求

1. 掌握往来款项结算业务的具体核算要求,具备较强的职业认同感。
2. 熟悉企业报销业务流程,掌握相关规定以及最新的政策变化,具备较强的政策水平。
3. 熟练使用相关财务软件,具备扎实的专业技能。

三、实训任务

1. 完成自制原始凭证的填制任务。
2. 根据原始凭证编制记账凭证。
3. 开设并登记应收账款总账和明细账。

债权债务核算岗位
往来款项项目

科目汇总表及
应收账款总账

应收账款明细账

业务1 2023年12月1日,取得原始凭证2张。

销 售 单

购货单位:签晶电子科技有限公司
地址和电话:北京市房山区69街41路18号 010-65410924　　　　**单据编号**:XS
纳税识别号:911101116862789796
开户行及账号:中国建设银行北京市房山区支行41622124898643　　**制单日期**:2023年12月01日

编码	产品名称	规格	单位	单价	数量	金额	备注
KCSP001	甲		件	113.00	350	39 550.00	含税价
合计	人民币(大写):叁万玖仟伍佰伍拾元整				—	￥39 550.00	

销售经理:王小欣　　　　经手人:林旭阳　　　　会计:谢小花　　　　签收人:刘金花

电子发票(增值税专用发票)　　发票号码:23112000000000024796
　　　　　　　　　　　　　　开票日期:2023年12月01日

购买方信息	名称:签晶电子科技有限公司				销售方信息	名称:北京恒盛有限公司		
	统一社会信用代码/纳税人识别号:911101118470041667					统一社会信用代码/纳税人识别号:911101012552442304		

	项目名称	规格型号	单位	数量	单价	金额	税率/征收率	税额
甲			件	350	100	35000.00	13%	4550.00
	合计					￥35000.00		￥4550.00
价税合计(大写)	⊗ 叁万玖仟伍佰伍拾元整					(小写) ￥39550.00		
备注								

开票人:王颖宏

业务2 2023年12月1日,取得原始凭证2张。

销 售 单

购货单位:北京宜鸿线材有限公司
地址和电话:北京市东城区07街65路38号 010-39442749　　　　**单据编号**:XS
纳税识别号:911101014106781544
开户行及账户:中国建设银行北京市东城区支行41622124510916　**制单日期**:2023年12月01日

编码	产品名称	规格	单位	单价	数量	金额	备注
10001	Q101		千克	33.9	50	1 695.00	含税价
合计	人民币(大写):壹仟陆佰玖拾伍元整				—	￥1 695.00	

销售经理:王小欣　　　　经手人:林旭阳　　　　会计:谢小花　　　　签收人:李建强

电子发票（增值税专用发票）

发票号码：23112000000000058725
开票日期：2023年12月01日

购买方信息	名称：北京宜鸿线材有限公司 统一社会信用代码/纳税人识别号：911101015553774861		销售方信息	名称：北京恒盛有限公司 统一社会信用代码/纳税人识别号：911101012552442304	
项目名称	规格型号	单位	数量	单价	金额	税率/征收率	税额
Q101		千克	50	30	1500.00	13%	195.00
合计					¥1500.00		¥195.00
价税合计（大写）	⊗ 壹仟陆佰玖拾伍元整			（小写） ¥1695.00			
备注							

开票人：王颖宏

业务3 2023年12月3日，取得原始凭证3张。

销 售 单

购货单位：南通云意有限公司
地址和电话：江苏省南通市港闸区46街52路11号 0513-75073365　　单据编号：XS
纳税识别号：913206117982193257
开户行及账号：中国建设银行南通市港闸区支行 41622124001300　制单日期：2023年12月03日

编码	产品名称	规格	单位	单价	数量	金额	备注
KCSP002	乙		件	169.5	100	16 950.00	含税价
合计	人民币（大写）：壹万陆仟玖佰伍拾元整				—	¥16 950.00	

销售经理：王小欣　　经手人：林旭阳　　会计：谢小花　　签收人：李世玲

电子发票（增值税专用发票）

发票号码：23112000000000078238
开票日期：2023年12月03日

购买方信息	名称：南通云意有限公司 统一社会信用代码/纳税人识别号：913206116954621386		销售方信息	名称：北京恒盛有限公司 统一社会信用代码/纳税人识别号：911101012552442304	
项目名称	规格型号	单位	数量	单价	金额	税率/征收率	税额
乙		件	100	150	15000.00	13%	1950.00
合计					¥15000.00		¥1950.00
价税合计（大写）	⊗ 壹万陆仟玖佰伍拾元整			（小写） ¥16950.00			
备注							

开票人：王颖宏

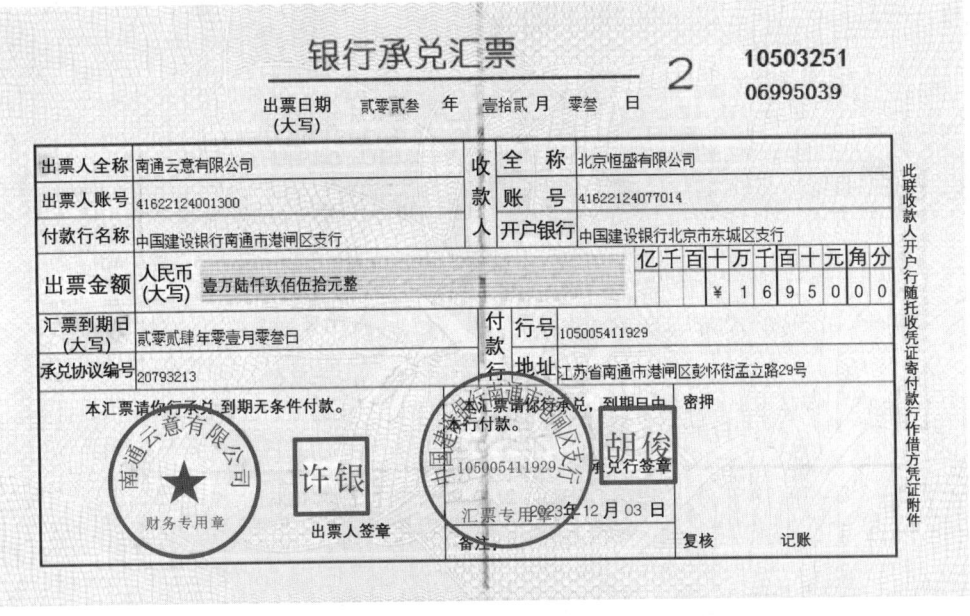

业务4 2023年12月4日,取得原始凭证2张。

销 售 单

购货单位:久益家电有限公司
地址和电话:北京市石景山区 20 街 65 路 42 号 010-83876721 单据编号:XS
纳税识别号:911101078389238134
开户行及账号:中国建设银行北京市石景山区支行 41622124283693

制单日期:2023 年 12 月 04 日

编码	产品名称	规格	单位	单价	数量	金额	备注
KCSP001	甲		件	113.00	120	13 560.00	含税价
	培训服务		次	1 130.00	1	1 130.00	含税价
合计	人民币(大写):壹万肆仟陆佰玖拾元整				—	¥14 690.00	

销售经理:王小欣   经手人:林旭阳   会计:谢小花   签收人:封贺

电子发票(增值税专用发票)

发票号码:23112000000000074907
开票日期:2023年12月04日

购买方信息	名称:久益家电有限公司				销售方信息	名称:北京恒盛有限公司		
	统一社会信用代码/纳税人识别号:911101074306574678					统一社会信用代码/纳税人识别号:911101012552442304		

项目名称	规格型号	单位	数量	单价	金额	税率/征收率	税额
甲		件	120	100	12000.00	13%	1560.00
培训服务		次	1	1000	1000.00	13%	130
合计					¥13000.00		¥1690.00
价税合计(大写)	⊗ 壹万肆仟陆佰玖拾元整				(小写) ¥14690.00		
备注							

开票人:王颖宏

业务5 2023年12月6日,取得原始凭证1张。

中国建设银行客户专用回单

币别:人民币　　　　2023年12月06日　　　流水号:110120027J0500810052

付款人	全　称	常州佳业股份有限公司	收款人	全　称	北京恒盛有限公司
	账　号	41622124034077		账　号	41622124077014
	开户行	中国建设银行常州市戚墅堰区支行		开户行	中国建设银行北京市东城区支行
金　额	人民币(大写)	壹拾壹万柒仟元整		(小写)¥117 000.00	
凭证种类	电汇凭证		凭证号码		
结算方式	电子划汇收入		用途	货款	

打印柜员:110125584257
打印机构:中国建设银行北京市东城区支行
打印卡号:41622124077014

(中国建设银行 电子回单 专用章)

打印时间:2023-12-06　　交易柜员:110125584268　　交易机构:110177467

业务6 2023年12月6日,取得原始凭证1张。

贴 现 凭 证(收款通知) ④

填写日期:2023年12月06日　　　第4260号

贴现汇票	种　类	银行承兑汇票	号码	66006755	申请人	名　称	北京恒盛有限公司
	出票日	2023年11月11日				账　号	41622124077014
	到期日	2024年01月11日				开户银行	中国建设银行北京市东城区支行
汇票承兑人(或银行)	名称	中国建设银行北京市通州区支行			账号		开户银行	

汇票金额(即贴现金额)	人民币(大写) 捌万伍仟元整	千百十万千百十元角分 ¥ 8 5 0 0 0 0 0
贴现率 每‰月	5‰	贴现利息	千百十万千百十元角分 ¥ 5 1 0 0 0	实付贴现金额	千百十万千百十元角分 ¥ 8 4 4 9 0 0 0

上述■■■■■■■■■■
此致
贴现申请人■■■■■■ 银行盖章:

(北京恒盛有限公司 财务专用章)　朱雅颜

(中国建设银行 北京市东城区支行 2023-12-06 转讫(01))

此联银行给申请人的收款通知

业务7 2023年12月7日,取得原始凭证1张。

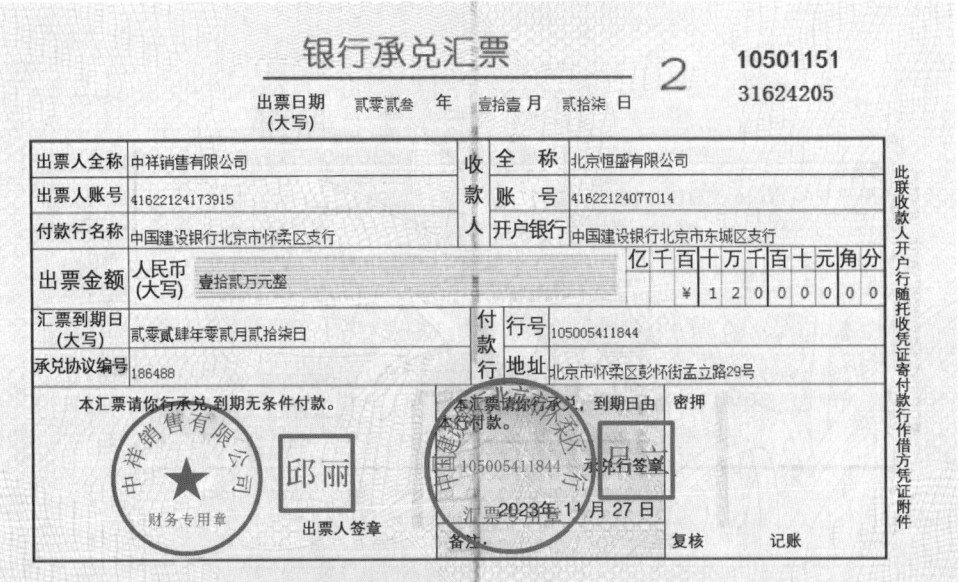

被背书人：南通云意有限公司	被背书人	被背书人
[北京恒盛有限公司 财务专用章] [朱雅颜] 背书人签章 2023 年 12 月 07 日	背书人签章 　年　月　日	背书人签章 　年　月　日

（贴粘单处）

业务 8 2023 年 12 月 8 日,取得原始凭证 1 张。

中国建设银行客户专用回单

币别:人民币　　　　　　　　2023 年 12 月 08 日　　　　流水号:110120027J0500810037

付款人	全　称	签晶电子科技有限公司	收款人	全　称	北京恒盛有限公司
	账　号	41622124898643		账　号	41622124077014
	开 户 行	中国建设银行北京市房山区支行		开 户 行	中国建设银行北京市东城区支行
金　额	人民币(大写)	叁万玖仟伍佰伍拾元整		(小写)¥39 550.00	
凭证种类	网银		凭证号码		
结算方式	转账		用途	货款	
			打印柜员:110125584257　　　　　　　　　　　　　　打印机构:中国建设银行北京市东城区支行　　　　　　　打印卡号:41622124077014		

打印时间:2023-12-08　　　交易柜员:110125584268　　　交易机构:110192617

业务 9 2023 年 12 月 9 日,取得原始凭证 1 张。

业务 10 2023 年 12 月 9 日,取得原始凭证 1 张。

借　款　单

2023 年 12 月 09 日　　　　　　　　　　　　　　　　　　　　　NO

借款:朱雅颜	所属部门:办公室	
借款用途:出差借款		
借款金额:人民币(大写) 壹仟元整	¥1 000.00	
部门负责人审批:同意　朱雅颜 2023-12-09	借款人(签章):朱雅颜 2023-12-09	
财务部门审核:同意　洪媚儿 2023-12-09		
单位负责人批示:同意	签字:张艳辉 2023-12-09	
核销记录:		

业务11 2023年12月10日,取得原始凭证2张。

经理办公会议纪要

根据徐州市中级人民法院关于徐州天华有限公司破产终结公告,应收徐州天华有限公司款项¥15 210.00(人民币壹万伍仟贰佰壹拾元整),已无法收回。

参加人员:张艳辉　洪媚儿　王小欣

2023年12月10日

徐州市中级人民法院破产终结公告

本院根据债务人徐州天华有限公司的申请,已于2023年10月24日依法宣告上述单位破产还债。经破产清算组清算,徐州天华有限公司的破产财产在优先拨付破产费用和职工安置费用后,已无资金清偿第二、第三顺序破产债权,其他债权人的清偿率为零。现破产财产已分配完毕,本院根据清算组的申请,已于2023年12月05日依法裁定终结本案的破产还债程序,未得到清偿的债权不再清偿。

特此公告

徐州市中级人民法院
2023年12月05日

业务12 2023年12月10日,取得原始凭证1张。

业务13 2023年12月11日,取得原始凭证2张。

中国建设银行　进账单(收账通知)　3

2023年12月11日

出票人	全称	北京宜鸿线材有限公司	收款人	全称	北京恒盛有限公司
	账号	41622124510916		账号	41622124077014
	开户银行	中国建设银行北京市东城区支行		开户银行	中国建设银行北京市东城区支行
金额	人民币(大写)	壹仟陆佰捌拾元整			亿千百十万千百十元角分　¥168000
	票据种类	转账支票	票据张数	1	中国建设银行北京市东城区支行 2023-12-11 办讫(01)
	票据号码	1050112601120678			
		复核　　记账			开户银行签章

购销合同

购方：北京宜鸿线材有限公司　　合同编号：2023037
销方：北京恒盛有限公司　　　　签订地点：北京市

　　购、销双方本着互利互惠、长期合作的原则，根据《中华人民共和国民法典》及双方的实际情况，就购方向供方采购事宜，订立本合同，以使双方在合同履行中共同遵守。

一、产品名称、数量、单价、金额：

产品名称	规格型号	计量单位	数量	单价	金额	备注
Q101		千克	50	33.9	1 695.00	
合计					￥1 695.00	含税
合计人民币(大写)：壹仟陆佰玖拾伍元整						

二、质量要求、技术标准、销方对质量负责的条件和期限：按合同企业标准。
三、(1) 交(提)货地点、方式：北京市东城区07街65路38号。
　　(2) 交货日期：2023-12-01。
四、付款时间与付款方式：现金折扣基数：不含税价，现金折扣条件：10天内付款折扣2%、20天内付款折扣1%、30天内付款折扣0，付款方式：转账。
五、运输方式及到站、港和费用负担：销方承担。
六、合理损耗及计算方法：以实际数量验收。
七、包装标准、包装物的供应与回收：普通包装，不回收包装物。
八、验收标准、方法及提示异议期限：货到后，购方可在七天内提出质量异议，不包括运输过程中造成的质量问题。
九、违约责任：按《民法典》规定。
十、解决合同纠纷的方式：双方协商解决。
十一、其他约定事项：本合同一式两份，购、销双方各一份，经双方盖章后即生效。

购方(盖章)：北京宜鸿线材有限公司　　　销方(盖章)：北京恒盛有限公司
单 位 地 址：北京市东城区07街65路38号　单 位 地 址：北京市东城区玉连街楼小路76号
电　　　话：010-39442740　　　　　　　电　　　话：010-61744362
签 订 日 期：2023-11-28　　　　　　　　签 订 日 期：2023-11-28
开 户 银 行：中国建设银行北京市东城区支行　开 户 银 行：中国建设银行北京市东城区支行
账　　　号：41622124510916　　　　　　账　　　号：41622124077014

业务14　2023-12-12，取得原始凭证3张。

电子发票（增值税专用发票）

发票号码：23112000000000046574
开票日期：2023年12月12日

购买方信息	名称：北京恒盛有限公司							
	统一社会信用代码/纳税人识别号：911101012552442304							
销售方信息	名称：北京欣华阳线材有限公司							
	统一社会信用代码/纳税人识别号：911101029545463384							

项目名称	规格型号	单位	数量	单价	金额	税率/征收率	税额
W201		千克	6600	50	330000.00	13%	42900.00
合计					￥330000.00		￥42900.00
价税合计(大写)：叁拾柒万贰仟玖佰元整						(小写) ￥372900.00	

备注：

开票人：李海燕

收 料 单

供应单位:北京欣华阳线材有限公司　　2023年12月12日　　编:SL

材料编号	名称	单位	规格	数量		实际成本			
				应收	实收	单价	发票价格	运杂费	总价
10002	W201	千克		6 600	6 600				
备注:									

收料人:陈小雨　　　　　　　　　　　　　交料人:杨梅菊

第二联 记账联

中国建设银行
转账支票存根
10501132

附加信息 付款行账号:
41622124077014
出票日期 2023 年 12 月 12 日
收款人:北京欣华阳线材有限公司
金　额:￥372 900.00
用　途:支付货款
单位主管　　会计

业务15　2023年12月15日,取得原始凭证6张。

借 款 单

2023年12月09日　　　　　　　　　　　　NO

借款人:朱雅颜	所属部门:办公室
借款用途:出差借款	
借款金额:人民币(大写) 壹仟元整	￥1 000.00
部门负责人审批:同意　朱雅颜 2023-12-09	借款人(签章):朱雅颜 2023-12-09
财务部门审核:同意　洪媚儿 2023-12-09	
单位负责人批示:同意	签字:张艳辉 2023-12-09
核销记录:补付 627.00	

第二联 结算联(结算后记账)

差旅费报销单

2023 年 12 月 15 日　　　　　　　　附原始单据 5 张

姓名	朱雅颜		工作部门		办公室		出差事由		洽谈商务		
日期		地点		车船费		深夜补贴	途中补贴	住勤费		旅馆费	公交费	金额合计
起	讫	起	讫	车次或船名	时间	金额			地区	天数	补贴			
12月10日	12月12日	北京市	南京市			657.00			南京市	3	330.00	640.00		1 627.00

现金付讫

报销金额(大写)人民币	壹仟陆佰贰拾柒元整	合计(小写)¥1 627.00
补付金额：¥627.00	退回金额：	

领导批准：张艳辉　　会计主管：洪媚儿　　部门负责人：朱雅颜　　审核：谢小花　　报销人：朱雅颜

电子发票（增值税专用发票）

发票号码：23322000000000025029
开票日期：2023年12月15日

购买方信息	名称：北京恒盛有限公司					销售方信息	名称：南京家园酒店有限公司		
	统一社会信用代码/纳税人识别号：911101012552442304						统一社会信用代码/纳税人识别号：913201029418077936		

项目名称	规格型号	单位	数量	单价	金额	税率/征收率	税额
*住宿服务*住宿费		晚	2	301.89	603.77	6%	36.23
合计					¥603.77		¥36.23
价税合计（大写）	⊗ 陆佰肆拾元整				（小写）¥640.00		
备注							

开票人：朱胜利

业务16 2023年12月16日，取得原始凭证2张。

特殊事项处理说明

日期：2023年12月16日

说明事项	本公司应收苏州宏程股份有限公司的应收账款30 000.00元于2022年12月16日已确认坏账损失。2023年12月16日本公司收到苏州宏程股份有限公司返还的款项30 000.00元，经批准，冲销已确认的坏账损失。

批准：张艳辉　　　审核：洪媚儿　　　说明人：谢小花

中国建设银行　进账单（收账通知） 3

2023年12月16日

出票人	全称	苏州宏程股份有限公司	收款人	全称	北京恒盛有限公司
	账号	41622124822738		账号	41622124077014
	开户银行	中国建设银行苏州市吴江区支行		开户银行	中国建设银行北京市东城区支行

金额	人民币（大写）	叁万元整	亿	千	百	十	万	千	百	十	元	角	分
							¥3	0	0	0	0	0	0

票据种类	转账支票	票据张数	1
票据号码	1050322666435768		

中国建设银行
北京市东城区支行
2023-12-16
收讫
（开户银行签章）

复核　　　记账

业务17 2023年12月22日,取得原始凭证2张。

电子发票(增值税专用发票)　　发票号码：23322000000000068974
　　　　　　　　　　　　　　　开票日期：2023年12月22日

购买方信息	名称：北京恒盛有限公司 统一社会信用代码/纳税人识别号：911101012552442304		销售方信息	名称：苏州慧通有限公司 统一社会信用代码/纳税人识别号：913205070104764525			
项目名称	规格型号	单位	数量	单价	金额	税率/征收率	税额
W201		千克	1320	50	66000.00	13%	8580.00
合计					¥66000.00		¥8580.00
价税合计(大写)	⊗ 柒万肆仟伍佰捌拾元整				(小写) ¥74580.00		
备注							

开票人：刘志新

收 料 单

供应单位：苏州慧通有限公司　　　2023年12月03日　　　编号：SL

材料编号	名称	单位	规格	数量		实际成本			
				应收	实收	单价	发票价格	运杂费	总价
10002	W201	千克		1 320	1 320				
备注：									

收料人：陈小雨　　　　　　　　　　　　　　　交料人：秦康

第二联 记账联

- -

业务18 2023年12月25日,取得原始凭证2张。

中国建设银行客户专用回单

币别：人民币　　　2023年12月25日　　　流水号：110120027J0500810087

付款人	全　称	已到期未付款银承款项	收款人	全　称	北京恒盛有限公司
	账　号	41622124102799		账　号	41622124077014
	开户行	中国建设银行常州市天宁区支行		开户行	中国建设银行北京市东城区支行
金额	人民币(大写)	贰万叁仟肆佰元整		(小写)¥23 400.00	
凭证种类	银行承兑汇票		凭证号码		
结算方式	转账		用途	转账存入	
			打印柜员：110125584257 打印机构：中国建设银行北京市东城区支行 打印卡号：41622124077014		

打印时间：2023-12-25　　交易柜员：110125584268　　交易机构：110110548

银行承兑汇票

				10501151
				47320249

出票日期（大写）：贰零贰叁 年 壹拾壹 月 贰拾伍 日

出票人全称	常州阳光有限公司	收款人	全称	北京恒盛有限公司
出票人账号	41622124102799		账号	41622124077014
付款行名称	中国建设银行常州市天宁区支行		开户银行	中国建设银行北京市东城区支行

出票金额	人民币（大写）	贰万叁仟肆佰元整		亿千百十万千百十元角分
				￥ 2 3 4 0 0 0 0

汇票到期日（大写）	贰零贰肆年壹拾贰月贰拾伍日	付款行	行号	105005411977
承兑协议编号	728982		地址	江苏省常州市天宁区彭怀街孟立路29号

本汇票请你行承兑，到期无条件付款。   本汇票请你行承兑，到期日由本行付款。 密押

出票人签章   汇票专用章 2023年11月25日   复核 记账

业务19 2023 年 12 月 27 日，取得原始凭证 4 张。

电子发票（增值税专用发票）   发票号码：23322000000094911
开票日期：2023年12月27日

购买方信息	名称	北京恒盛有限公司	销售方信息	名称	南通天盛有限公司
	统一社会信用代码/纳税人识别号	911101012552442304		统一社会信用代码/纳税人识别号	913206113692349467

项目名称	规格型号	单位	数量	单价	金额	税率/征收率	税额
Q101		千克	1500	30	45000.00	13%	5850.00
合计					￥45000.00		￥5850.00

价税合计（大写）	⊗ 伍万零捌佰伍拾元整	（小写）￥50850.00

备注	

开票人：许银高

收 料 单

供应单位：南通天盛有限公司   2023 年 12 月 27 日   编号：SL

材料编号	名称	单位	规格	数量		实际成本			
				应收	实收	单价	发票价格	运杂费	总价
10001	Q101	千克		1500	1500				
备注：									

收料人：陈小雨   交料人：杨彤

被背书人：中国建设银行北京市东城区支行	被背书人	被背书人
[印章：北京瑞盛有限公司 财务专用章 委托收款] [签章：朱雅颜] 背书人签章 2023 年 12 月 25	背书人签章 年　月　日	背书人签章 年　月　日

（贴粘单处）

银行承兑汇票

10501155
20250326

出票日期（大写）	贰零贰叁 年 壹拾壹月 零贰 日		
出票人全称	吴天机电有限公司	收款人全称	北京恒盛有限公司
出票人账号	41622124524896	账号	41622124077014
付款行名称	中国建设银行北京市石景山区支行	开户银行	中国建设银行北京市东城区支行

出票金额 人民币（大写）： 伍万壹仟玖佰肆拾元整   ¥51940 00

汇票到期日（大写）	贰零贰肆年叁月零贰日	付款行	行号	105005411411
承兑协议编号	YHCD1868		地址	北京市石景山区彭怀街孟立路29号

本汇票请你行承兑，到期无条件付款。 本汇票请你行承兑，到期日由本行付款。 密押

出票人签章：吴天机电有限公司 财务专用章 / 魏志
承兑行签章：中国建设银行 / 谷克 2023年11月02日
备注　　复核　　记账

电子发票（普通发票）

货物运输服务

发票号码：23222000000000031442
开票日期：2023年12月27日

购买方信息	名称：北京恒盛有限公司 统一社会信用代码/纳税人识别号：911101012552442304	销售方信息	名称：吉林达通物流有限公司 统一社会信用代码/纳税人识别号：912201031682596131

项目名称	单位	数量	单价	金额	税率/征收率	税额
*运输服务*运输费	次	1	1000.00	1000.00	9%	90.00
合计				¥1000.00		¥90.00

运输工具种类	运输工具牌号	起运地	到达地	运输货物名称
公路运输	吉B63536	南通市港闸区	北京市东城区	Q101

价税合计（大写）： 壹仟零玖拾元整　　（小写）¥1090.00

备注：

开票人：陈艳艳

业务20　2023年12月28日，取得原始凭证1张。

经理办公会议纪要

鉴于大丰瑞丰化工有限公司已于2021年12月28日完成破产清算程序，清算组未向我司请求支付欠其应付账款¥23 400.00（人民币贰万叁仟肆佰元整），且该请求付款权已过诉讼时效，经决定将此笔款项计入当期损益。

参加人员：张艳辉　洪媚儿　王小欣

2023年12月28日

被背书人:南通天盛有限公司 [北京恒盛有限公司 财务专用章] [朱雅颜] 背书人签章 2023 年 12 月 27 日	被背书人 背书人签章 年　月　日	被背书人 背书人签章 年　月　日

（贴粘单处）

业务 21 2023 年 12 月 31 日,取得原始凭证 1 张。

坏账准备计算表

2023 年 12 月 31 日

项　　目	应收款项期末余额	计提比例	坏账准备期初余额	本期确认坏账损失	已确认坏账本期收回	应补提金额	应冲减金额
应收账款坏账准备							
其他应收款坏账准备							
合计							

审核：　　　　　　　　　　　　　　　　　　　　　编制：

项目三　财产物资核算岗位存货项目

一、财产物资岗位职责

1. 按照国家统一会计制度规定设置财产物质核算的科目。
2. 计算与核算财产物资的相关税款。
3. 计算财务成果及各种税金。
4. 记账及时准确,明细账要按日登记,总账要定期登记。
5. 进项发票的核对、审核,保证发票的正确性和合法性。

二、财产物资岗位素质要求

1. 掌握财产物资业务的具体核算要求,坚持原则、坚守岗位,工作细心、认真负责,不得弄虚作假。
2. 严格遵守公司财产物资管理的相关制度,形成严谨务实的工作态度和职业操守。
3. 熟练使用相关财务软件,具备扎实的专业技能。

三、实训任务

1. 进行产品生产成本、单位产品成本以及销售产品成本的计算,完成自制原始凭证的填制任务。
2. 根据原始凭证编制记账凭证。

财产物资核算岗位存货项目

业务1 2023年12月1日,取得原始凭证4张。

电子发票(增值税专用发票)

发票号码:23322000000000046876
开票日期:2023年12月01日

购买方信息	名称:北京恒盛有限公司 统一社会信用代码/纳税人识别号:911101012552442304	销售方信息	名称:无锡蒂珂有限公司 统一社会信用代码/纳税人识别号:913202030597534648

项目名称	规格型号	单位	数量	单价	金额	税率/征收率	税额
Q101		千克	1000	30	30000.00	13%	3900.00
合计					¥30000.00		¥3900.00
价税合计(大写)		叁万叁仟玖佰元整			(小写)¥33900.00		
备注							

开票人:蔡丹英

收 料 单

供应单位:无锡蒂珂有限公司　　　2023年12月01日　　　编号:SL

材料编号	名称	单位	规格	数量		实际成本			
				应收	实收	单价	发票价格	运杂费	总价
10001	Q101	千克		1 000	1 000				
备注:									

第二联　记账联

收料人:陈小雨　　　　　　　　　　　　　　　交料人:张新华

中国建设银行
转账支票存根
10501136

附加信息 付款行账号:
41622124077014
出票日期 2023 年 12 月 01 日
收款人:无锡蒂珂有限公司
金　额:¥34 009.00
用　途:付货款及代垫运费
单位主管　　会计

货物运输服务

电子发票（增值税专用发票）

发票号码：23322000000000036319
开票日期：2023年12月01日

购买方信息	名称：北京恒盛有限公司 统一社会信用代码/纳税人识别号：911101012552442304		销售方信息	名称：南通天天物流有限公司 统一社会信用代码/纳税人识别号：913206027937963123	

项目名称	单位	数量	单价	金额	税率/征收率	税额
*运输服务*运输费	次	1	100.00	100.00	9%	9.00
合计				¥100.00		¥9.00

运输工具种类	运输工具牌号	起运地	到达地	运输货物名称
公路运输	苏B12347	无锡市南长区	北京市东城区	Q101

价税合计（大写）：壹佰零玖元整　　（小写）¥109.00

备注：

开票人：李海燕

业务2 2023年12月2日，取得原始凭证5张。

中国建设银行　进账单（回单）　1

2023 年 12 月 02 日

出票人	全称	北京恒盛有限公司	收款人	全称	北京恒盛有限公司
	账号	41622124077014		账号	41497202777966
	开户银行	中国建设银行北京市东城区支行		开户银行	中国建设银行北京市东城区支行
金额	人民币（大写）	壹万壹仟柒佰元整	亿千百十万千百十元角分 ¥1 1 7 0 0 0 0		
票据种类	转账支票	票据张数	1		
票据号码	10501137				

中国建设银行 北京市东城区支行 2023-12-02 转讫 （开户银行签章）

复核　　记账

中国建设银行 进账单（收账通知） 3

2023 年 12 月 02 日

出票人	全称	北京恒盛有限公司	收款人	全称	北京恒盛有限公司
	账号	41622124077014		账号	41497202777966
	开户银行	中国建设银行北京市东城区支行		开户银行	中国建设银行北京市东城区支行

金额	人民币（大写）壹万壹仟柒佰元整	亿 千 百 十 万 千 百 十 元 角 分 ￥ 1 1 7 0 0 0 0

票据种类	转账支票	票据张数	1
票据号码	10501137		

中国建设银行 北京市东城区支行 2023-12-02 转讫 (开户银行签章)

复核　　记账

此联是开户银行交给持(出)票人的回单

中国建设银行
转账支票存根
10501137

附加信息 付款行账号：
41622124077014

出票日期 2023 年 12 月 02 日

收款人：北京恒盛有限公司

金额：￥11 700.00

用途：支付承兑保证金

单位主管　　会计

中国建设银行　　业务收费凭证

2023 年 12 月 02 日　　　　流水号：08232387

币别：人民币

付款人：北京恒盛有限公司			账号：41622124077014		
项目名称	工本费	手续续	电子汇划费	邮电费	金额
银行承兑		10.00			10.00
金额(大写)壹拾元整					￥10.00
付款方式：银行转账					

中国建设银行 北京市东城区支行 2023-12-02 办讫 (01)

财产物资核算岗位存货项目

第一联　银行记账凭证

电子发票（增值税专用发票）

发票号码：23112000000000099466
开票日期：2023年12月02日

购买方信息	名称：北京恒盛有限公司 统一社会信用代码/纳税人识别号：911101012552442304				销售方信息	名称：中国建设银行北京市东城区支行 统一社会信用代码/纳税人识别号：9111016365362355			
项目名称	规格型号	单位	数量	单价		金额	税率/征收率		税额
*金融服务*直接收费金融服务		笔	1	9.43		9.43	6%		0.57
合计						¥9.43			¥0.57
价税合计（大写）	⊗ 壹拾元整					（小写）¥10.00			
备注									

开票人：刘豪进

业务3 2023年12月3日，取得原始凭证2张。

电子发票（增值税专用发票）

发票号码：23322000000000050802
开票日期：2023年12月03日

购买方信息	名称：北京恒盛有限公司 统一社会信用代码/纳税人识别号：911101012552442304				销售方信息	名称：宿迁长顺电子科技有限公司 统一社会信用代码/纳税人识别号：913213029262350253			
项目名称	规格型号	单位	数量	单价		金额	税率/征收率		税额
W201		千克	220	50		11000.00	13%		1430.00
合计						¥11000.00			¥1430.00
价税合计（大写）	⊗ 壹万贰仟肆佰叁拾元整					（小写）¥12430.00			
备注									

开票人：刘海峰

收 料 单

供应单位：宿迁长顺电子科技有限公司　　2023 年 12 月 03 日　　编号：SL

材料编号	名称	单位	规格	数量		实际成本			
				应收	实收	单价	发票价格	运杂费	总价
10002	W201	千克		220	220				
备注：									

收料人：陈小雨　　　　　　　　　　　　　　交料人：姜志忠

业务 4 2023 年 12 月 4 日,取得原始凭证 1 张。

收 料 单

供应单位:南通天盛有限公司　　　　2023 年 12 月 04 日　　　　　　编号:SL

材料编号	名称	单位	规格	数量		实际成本			
				应收	实收	单价	发票价格	运杂费	总价
10001	Q101	千克		100	100				
备注:									

第二联　记账联

收料人:陈小雨　　　　　　　　　　　　　　　交料人:陈一兵

业务 5 2023 年 12 月 4 日,取得原始凭证 1 张。

银行承兑汇票(存根)　　3　　10501151　64999968

出票日期(大写)　贰零贰叁年壹拾贰月零肆日

出票人全称	北京恒盛有限公司	收款人	全 称	宿迁长顺电子科技有限公司								
出票人账号	41622124077014		账 号	41622124658573								
付款行名称	中国建设银行北京市东城区支行		开户银行	中国建设银行宿迁市宿城城区支行								
出票金额	人民币(大写) 壹万贰仟肆佰叁拾元整			亿	千	百	十	万	千	百	十	元	角	分
							¥	1	2	4	3	0	0	0
汇票到期日(大写)	贰零贰肆年叁月零肆日	付款行	行号	105005411528								
承兑协议编号	485378		地址	北京市东城区彭怀街孟立路 29 号								
			密押									
			复核　　经办									
备注:												

此联由出票人存查

业务 6 2023 年 12 月 9 日，取得原始凭证 1 张。

电子发票（增值税专用发票）

发票号码：23322000000000058971
开票日期：2023年12月09日

购买方信息	名称：北京恒盛有限公司 统一社会信用代码/纳税人识别号：911101012552442304			销售方信息	名称：常州阳光有限公司 统一社会信用代码/纳税人识别号：913204027245222587			
项目名称	规格型号	单位	数量	单价	金额	税率/征收率	税额	
W201		千克	220	50	11000.00	13%	1430.00	
合计					¥11000.00		¥1430.00	
价税合计(大写)		⊗ 壹万贰仟肆佰叁拾元整			(小写) ¥12430.00			
备注								

开票人：徐津铭

业务 7 2023 年 12 月 9 日，取得原始凭证 1 张。

收 料 单

供应单位：常州阳光有限公司　　　　2023 年 12 月 09 日　　　　编号：SL

材料编号	名称	单位	规格	数量		实际成本			
				应收	实收	单价	发票价格	运杂费	总价
10002	W201	千克		220	220				
备注：									

收料人：陈小雨　　　　　　　　　　　　　　　交料人：王峻

业务 8 2023 年 12 月 11 日，取得原始凭证 3 张。

领 料 单

领料部门：采购部门
用　　途：采购退货　　　　2023 年 12 月 11 日　　　　编号：LL

材料编号	名称	规格	计量单位	请领数量	实发数量	备注
	Q101		千克	100	100	以前月份购入本月退货

领料人：卢志城　　　　　　　　　　　　　　　发料人：陈小雨

电子发票（增值税专用发票）

发票号码：23322000000000026975
开票日期：2023年11月11日

购买方信息	名称：北京恒盛有限公司 统一社会信用代码/纳税人识别号：911101012552442304
销售方信息	名称：无锡中超有限公司 统一社会信用代码/纳税人识别号：913202030312202567

项目名称	规格型号	单位	数量	单价	金额	税率/征收率	税额
Q101		千克	-100	30	-3000.00	13%	-390.00
合计					￥-3000.00		￥-390.00

价税合计（大写）	⊗ （负数）叁仟叁佰玖拾元整	（小写）￥-3390.00

备注	被红冲蓝字全电发票号码：23322000000000094655红字发票信息确认单编号：35025222121000000000

开票人：孙凤琴

中国建设银行客户专用回单

币别：人民币　　　　　2023年12月11日　　流水号：110120027J0500810088

付款人	全称	无锡中超有限公司	收款人	全称	北京恒盛有限公司
	账号	41622124595503		账号	41622124077014
	开户行	中国建设银行无锡市南长区支行		开户行	中国建设银行北京市东城区支行
金额	人民币（大写）叁仟叁佰玖拾元整			（小写）￥3390.00	
凭证种类	网银		凭证号码		
结算方式	转账		用途	退货款	

打印柜员：110125584257
打印机构：中国建设银行北京市东城区支行
打印卡号：105703231632

打印时间：2023-12-11　　交易柜员：110125584268　　交易机构：110110500541152802

财产物资核算岗位存货项目

业务9 2023年12月12日,取得原始凭证3张。

电子发票（增值税专用发票）

发票号码：23322000000000088668
开票日期：2023年12月12日

购买方信息	名称：北京恒盛有限公司			销售方信息	名称：南京江北有限公司		
	统一社会信用代码/纳税人识别号：911101012552442304				统一社会信用代码/纳税人识别号：913201156053700227		

项目名称	规格型号	单位	数量	单价	金额	税率/征收率	税额
包装箱		个	100	10	1000.00	13%	130.00
合计					¥1000.00		¥130.00
价税合计(大写)	⊗ 壹仟壹佰叁拾元整				(小写) ¥1130.00		
备注							

开票人：刘平一

收 料 单

供应单位：南京江北有限公司　　　2023年12月12日　　　编号：SL

材料编号	名称	单位	规格	数量		实际成本			
				应收	实收	单价	发票价格	运杂费	总价
ZZCL004	包装箱	个		100	100				
备注：									

收料人：陈小雨　　　　　　　　　　　　　交料人：胡晓杰

业务10 2023年12月18日,取得原始凭证3张。

电子发票(增值税专用发票)

发票号码:23322000000000040658
开票日期:2023年12月18日

购买方信息	名称:北京恒盛有限公司 统一社会信用代码/纳税人识别号:911101012552442304				销售方信息	名称:南京飞科有限公司 统一社会信用代码/纳税人识别号:913201065845998824		
项目名称	规格型号	单位	数量	单价	金额	税率/征收率		税额
W201		千克	220	50	11000.00	13%		1430.00
合计					¥11000.00			¥1430.00
价税合计(大写)	⊗ 壹万贰仟肆佰叁拾元整					(小写) ¥12430.00		
备注								

开票人:刘泽军

收 料 单

供应单位:南京飞科有限公司   2023年12月18日   编号:SL

材料编号	名称	单位	规格	数量		实际成本			
				应收	实收	单价	发票价格	运杂费	总价
10002	W201	千克		220	220				
备注:									

收料人:陈小雨   交料人:苏俊林

中国建设银行 银行汇票 2 10503241 00038968

出票日期(大写):贰零贰叁 年 壹拾贰 月 壹拾捌 日
代理付款行: 行号:
收款人:南京飞科有限公司
出票金额 人民币(大写):壹万贰仟肆佰叁拾元整   ¥12430.00
实际结算金额 人民币(大写):壹万贰仟肆佰叁拾元整   ¥ 1 2 4 3 0 0 0
申请人:北京恒盛有限公司   账号:41622124077014
出票行:中国建设银行北京市东城区支行 行号:105005411528   密押:
备注:
凭票付款:105005411528
出票行签章:中国建设银行北京市东城区支行 汇票专用章   赵惠

多余金额 0 0 0   复核   记账

业务 11　2023 年 12 月 20 日,取得原始凭证 5 张。

电子发票（增值税专用发票）　　发票号码：23322000000000069066
开票日期：2023年12月20日

购买方信息	名称：北京恒盛有限公司 统一社会信用代码/纳税人识别号：911101012552442304
销售方信息	名称：徐州华盛纺织有限公司 统一社会信用代码/纳税人识别号：913203025753350087

项目名称	规格型号	单位	数量	单价	金额	税率/征收率	税额
Q101		千克	100	30	3000.00	13%	390.00
W201		千克	132	50	6600.00	13%	858.00
合计					￥9600.00		￥1248.00

价税合计（大写）	⊗ 壹万零捌佰肆拾捌元整	（小写）￥10848.00

备注：

开票人：任敏

收 料 单

供应单位：徐州华盛纺织有限公司　　2023 年 12 月 20 日　　编号：SL

材料编号	名称	单位	规格	数量		实际成本			
				应收	实收	单价	发票价格	运杂费	总价
10001	Q101	千克		100	100				
10002	W201	千克		132	132				
备注：									

收料人：陈小雨　　　　　　　　　　　　　　交料人：周培红

中国建设银行
转账支票存根
10501139

附加信息 付款行账号：
41622124077014

出票日期 2023 年 12 月 20 日
收款人：徐州华盛纺织有限公司
金　额：￥10 957.00
用　途：付货款及代垫运费
单位主管　　会计

电子发票（增值税专用发票）

发票号码：23322000000000061732
开票日期：2023年12月20日

购买方信息	名称：北京恒盛有限公司		销售方信息	名称：南通天天物流有限公司	
	统一社会信用代码/纳税人识别号：911101012552442304			统一社会信用代码/纳税人识别号：913206023857656416	

项目名称	单位	数量	单价	金额	税率/征收率	税额
*运输服务*运输费	次	1	100.00	100.00	9%	9.00
合计				￥100.00		￥9.00

运输工具种类	运输工具牌号	起运地	到达地	运输货物名称
公路运输	苏B46614	徐州市鼓楼区	北京市东城区	Q101、W201

价税合计（大写） ⊗ 壹佰零玖元整　　　　（小写）￥109.00

备注：

开票人：张军立

运输费用分配表

2023年12月20日　　　　　　　　　　　　　　　　　　　单位：元

货物名称	运费分配率	运费分配金额
Q101		
W201		
合计		

审核：洪媚儿　　　　　　　　　　　　　　　　　编制：谢小花

业务12　2023年12月23日，取得原始凭证3张。

销　售　单

购货单位：大丰瑞丰有限公司
地址和电话：江苏省盐城市盐都区赵志街高小路11号 0515-59758059　　单据编号：XS
纳税识别号：913209037003628487
开户行及账号：中国建设银行盐城市盐都区支行 41622124544558　　制单日期：2023-12-23

编码	产品名称	规格	单位	单价	数量	金额	备注
KCSP001	甲		件	113.00	10	1 130.00	含税价
合计	人民币（大写）壹仟壹佰叁拾元整			—		￥1 130.00	

会计联

销售经理：王小欣　　经手人：林旭阳　　会计：谢小花　　签收人：孙海红

电子发票（增值税专用发票）

发票号码：23112000000000030678
开票日期：2023年12月23日

购买方信息	名称：大丰瑞丰化工有限公司 统一社会信用代码/纳税人识别号：913209820780609516	销售方信息	名称：北京恒盛有限公司 统一社会信用代码/纳税人识别号：911101012552442304

项目名称	规格型号	单位	数量	单价	金额	税率/征收率	税额
甲		件	10	100	1000.00	13%	130.00
合计					￥1000.00		￥130.00
价税合计（大写）	⊗ 壹仟壹佰叁拾元整				（小写）￥1130.00		
备注							

开票人：王颖宏

中国建设银行客户专用回单

币别：人民币　　2023年12月23日　　流水号：110120027J0500810046

付款人	全称	大丰瑞丰有限公司	收款人	全称	北京恒盛有限公司
	账号	41622124544558		账号	41622124077014
	开户行	中国建设银行盐城市盐都区支行		开户行	中国建设银行北京市东城区支行
金额	人民币（大写）壹仟壹佰叁拾元整			（小写）￥1130.00	
凭证种类	电汇凭证		凭证号码		
结算方式	电汇		用途	货款	

打印柜员：110125584257
打印机构：中国建设银行北京市东城区支行
打印卡号：4162212407701

中国建设银行 电子回单 专用章

打印时间：2023-12-23　　交易柜员：110125584268　　交易机构：110122882

业务13　2023年12月31日，取得原始凭证1张。

存货盘盈盘亏报告表

2023年12月31日　　　　单位：元

编号	品名	单位	账面数量	实存数量	盘盈		盘亏		原因
					数量	金额	数量	金额	
10002	W201	千克	2 178	2 170			8	427.66	待查
合计								427.66	

审核：洪媚儿　　　　　　　　　　　编制：谢小花

业务 14 2023 年 12 月 31 日,取得原始凭证 1 张。

存货盘盈盘亏核销报告表

2023 年 12 月 31 日

编号	品名	单位	账面数量	实存数量	盘盈		盘亏		原因
					数量	金额	数量	金额	
10002	W201	千克	2 178	2 170			8	427.66	管理不善损失
	合计							427.66	

财务部门意见: 盘亏全部计入费用。 洪媚儿 2023 年 12 月 31 日	保管部门意见: 同意 陈小雨 2023 年 12 月 31 日	公司领导意见: 同意 张艳辉 2023 年 12 月 31 日

业务 15 2023 年 12 月 31 日,取得原始凭证 1 张。

中国建设银行客户专用回单

币别:人民币 2023 年 12 月 31 日 流水号:110120027J0500810015

付款人	全 称	北京恒盛有限公司	收款人	全 称	银行承兑汇票到期收款户
	账 号	41622124077014		账 号	1013206288362610140937
	开户行	中国建设银行北京市东城区支行		开户行	中国建设银行北京市东城区支行

金 额	人民币(大写)伍万捌仟伍佰元整	(小写)¥58 500.00
凭证种类	银行承兑汇票	凭证号码	1087655655614820
结算方式	转账	用途	转账支取
		打印柜员:110125584257 打印机构:中国建设银行北京市东城区支行 打印卡号:414972027777966	(中国建设银行 电子回单 专用章)

打印时间:2023-12-31 交易柜员:110125584268 交易机构:110110545

业务 16 2023 年 12 月 31 日,取得原始凭证 1 张。

材料暂估入库清单

2023 年 12 月 31 日

材料名称	合同号	供货单位	数量(千克)	合同单价(不含税)	合同金额(不含税)	入库日期
Q101	20221263	常州顺华服饰有限公司	1 000	30.00	30 000.00	2023-12-31
合计					30 000.00	

审核:洪媚儿 编制:谢小花

业务 17 2023 年 12 月 31 日,取得原始凭证 2 张。

发出材料单位成本计算表

2023 年 12 月 31 日　　　　　　　　　　　　　　　　　　　　　单位:元

材料名称	单位	期初		本期入库		发出材料单价
		数量	金额	数量	金额	
Q101	千克					
W201	千克					
合计						

审核:洪媚儿　　　　　　　　　　　　　　　　　　　　　　　　　　编制:谢小花

原材料发出汇总表

2023 年 12 月 31 日　　　　　　　　　　　　　　　　　　　　　单位:元

领料部门	领料用途	产品	Q101		W201		合计
			数量(千克)	金额	数量(千克)	金额	
生产车间	生产产品直接领用	甲	3 000		1 500		
生产车间	生产产品直接领用	乙	1 200		2 000		
生产车间	机物料消耗		100				
合计							

审核:洪媚儿　　　　　　　　　　　　　　　　　　　　　　　　　　编制:谢小花

业务 18 2023 年 12 月 31 日,取得原始凭证 1 张。

周转材料(包装物)发出汇总表

2023 年 12 月 31 日　　　　　　　　　　　　　　　　　　　　　单位:元

领料部门	领料用途	产品	包装箱		合计
			数量(个)	金额	
生产车间	生产产品直接领用	甲	50		
销售门市	销售产品不单独计价		10		
合计					

审核:洪媚儿　　　　　　　　　　　　　　　　　　　　　　　　　　编制:谢小花

业务 19 2023 年 12 月 31 日,取得原始凭证 2 张。

产品工时明细表

2023 年 12 月 31 日

生产部门	产品	生产工时(小时)
生产车间	甲	2 000
生产车间	乙	1 200
合计		3 200

审核:洪媚儿　　　　　　　　　　　　　　　　　　　　　　　　　　编制:谢小花

制造费用分配表

2023 年 12 月 31 日　　　　　　　　　　　　　　　　　　　　　单位:元

生产部门	产品	分配标准(工时)	分配率	分配金额
生产车间	甲	2 000		
生产车间	乙	1 200		
合计		3 200		

审核:洪媚儿　　　　　　　　　　　　　　　　　　　　　　　　　　编制:谢小花

业务 20 2023 年 12 月 31 日,取得原始凭证 2 张。

产品产量明细表
2023 年 12 月 31 日   单位:件

生产部门	产品	本月产品完工产量	本月产品入库数量
生产车间	甲	1 500	1 500
生产车间	乙	1 000	1 000

审核:洪媚儿   编制:谢小花

产品成本计算表
2023 年 12 月 31 日   单位:元

产品生产车间	产品	项目	本月生产费用
生产车间	甲	直接材料	
		制造费用	
	乙	直接材料	
		制造费用	
	合计		

审核:洪媚儿   编制:谢小花

业务 21 2023 年 12 月 31 日,取得原始凭证 2 张。

单位产品成本计算单
2023 年 12 月 31 日   金额单位:元

产品名称	期初结存		本期入库		单位成本
	数量(件)	金额	数量(件)	金额	
甲					
乙					
合计					

审核:洪媚儿   编制:谢小花

销售产品成本结转表
2023 年 12 月 31 日   金额单位:元

领用部门	用途	甲		乙		合计
		数量(件)	金额	数量(件)	金额	
销售门市	销售领用	1 200		800		
合计						

审核:洪媚儿   编制:谢小花

项目四　财产物资核算岗位固定资产项目

一、财产物资岗位职责

1. 熟悉《企业会计准则》等国家财务制度，认真贯彻执行国家的法律法规，按照国家统一会计制度规定设置财产物资岗位固定资产项目核算的科目。
2. 计算与核算财产物资的相关税款。
3. 记账及时准确，明细账要按日登记，总账要定期登记。
4. 核对、审核进项发票，保证发票的正确性和合法性。
5. 定期核对固定资产，及时处理添置、调入、处置的固定资产，做到账账相符、账册相符、账实相符。

二、财产物资岗位素质要求

1. 掌握财产物资业务的具体核算要求，坚持原则、坚守岗位，工作细心、认真负责，不得弄虚作假。
2. 严格遵守公司财产物资管理的相关制度，形成严谨务实的工作态度和职业操守。
3. 熟练使用相关财务软件，具备扎实的专业技能。

三、实训任务

1. 进行固定资产折旧、处置净损益的计算，完成自制原始凭证的填制任务。
2. 根据原始凭证编制记账凭证。

财产物资核算岗位固定资产项目

业务1 2023年12月2日,取得原始凭证4张。

电子发票（增值税专用发票）

发票号码：23322000000000090006
开票日期：2023年12月02日

购买方信息	名称：北京恒盛有限公司 统一社会信用代码/纳税人识别号：911101012552442304
销售方信息	名称：南通光华有限公司 统一社会信用代码/纳税人识别号：913206025434036551

项目名称	规格型号	单位	数量	单价	金额	税率/征收率	税额
*生产设备*M		台	1	80000.00	80000.00	13%	10400.00
M设备安装费		次	1	1000	1000.00	9%	90
合计					¥81000.00		¥10490.00
价税合计（大写）	⊗ 玖万壹仟肆佰玖拾元整				（小写）¥91490.00		
备注							

开票人：路程

待安装设备入库单

供应单位：南通光华有限公司　　2023年12月02日　　编号：RK

设备编号	名称	规格	数量（台）		实际成本			
			应收	实收	单价	总价	运杂费	合计
	M设备		1	1	80 000.00	80 000.00	0.00	80 000.00
备注：								

收货人：钟国钊　　　　　　　　　　　　　　　　　　　交货人：马建民

待安装设备出库单

领用单位：生产车间　　2023年12月02日　　编号：CK

设备编号	名称	规格	数量（台）		实际成本
			请领	实发	
	M设备		1	1	80 000.00
备注：					

领用人：钟国钊　　　　　　　　　　　　　　　设备管理员：钟国钊

业务2 2023年12月2日,取得原始凭证2张。

新增固定资产登记表
2023 年 12 月 02 日

资产名称	种类	单位	数量	购入日期	投入使用日期	使用部门
M 设备	生产设备	台	1	2023-12-02	2023-12-02	生产车间

制表人:谢小花　　　　　　　　　　　　　　　　　　　　　　复核人:洪媚儿

固定资产竣工决算表
2023 年 12 月 02 日　　　　　　　　　　　　　　　　　　　单位:元

名称	买价	安装成本	决算总金额
M 设备	80 000.00	1 000.00	81 000.00
财务部门意见: 　　　同意　洪媚儿 　　　2023 年 12 月 02 日		公司领导意见: 　　　同意　张艳辉 　　　2023 年 12 月 02 日	

编制人:钟国钊　　　　　　　　　　　　　　使用部门负责人:陆家淇

业务3 2023年12月4日，取得原始凭证2张。

电子发票（增值税专用发票）

发票号码：23112000000000093958
开票日期：2023年12月04日

购买方信息	名称：北京恒盛有限公司 统一社会信用代码/纳税人识别号：91110101 2552442304			销售方信息	名称：北京宜鸿线材有限公司 统一社会信用代码/纳税人识别号：91110101 6853623343			
项目名称	规格型号	单位	数量	单价	金额		税率/征收率	税额
*电子设备*复印机		台	1	20000	20000.00		13%	2600.00
合计					¥20000.00			¥2600.00
价税合计（大写）	⊗ 贰万贰仟陆佰元整					（小写）¥22600.00		
备注	捐赠							

开票人：侯登录

新增固定资产登记表
2023 年 12 月 04 日

资产名称	种类	单位	数量	接受捐赠日期	投入使用日期	使用部门
复印机	电子设备	台	1	2023-12-04	2023-12-04	财务部

制表：谢小花   复核人：洪媚儿

业务4 2023年12月6日，取得原始凭证5张。

电子发票（增值税专用发票）

发票号码：23112000000000062539
开票日期：2023年12月06日

购买方信息	名称：北京恒盛有限公司 统一社会信用代码/纳税人识别号：91110101 2552442304			销售方信息	名称：中祥销售有限公司 统一社会信用代码/纳税人识别号：91110116 4822980463			
项目名称	规格型号	单位	数量	单价	金额		税率/征收率	税额
*电子设备*HP电脑	HP790	台	5	3000	16000.00		13%	2080.00
合计					¥16000.00			¥2080.00
价税合计（大写）	⊗ 壹万捌仟零捌拾元整					（小写）¥18080.00		
备注								

开票人：杨连进

中国建设银行
转账支票存根
10501141

附加信息 付款行账号：
41622124077014

出票日期 2023 年 12 月 06 日

收款人：中祥销售有限公司

金　额：￥18 080.00

用　途：支付设备款

单位主管　　会计

新增固定资产登记表

2023 年 12 月 06 日

资产名称	种类	单位	数量	购入日期	投入使用日期	使用部门
HP 电脑	电子设备	台	5	2023-12-06	2023-12-06	办公室

制表人：谢小花　　　　　　　　　　　　复核人：洪媚儿

货物运输服务

电子发票（增值税专用发票）

发票号码：23352000000000063643
开票日期：2023年12月06日

购买方信息	名称：北京恒盛有限公司			销售方信息	名称：福州天捷物流运输有限责任公司		
	统一社会信用代码/纳税人识别号：911101012552442304				统一社会信用代码/纳税人识别号：913501039021030276		

项目名称	单位	数量	单价	金额	税率/征收率	税额
*运输服务*运输费	次	1	500	500.00	9%	45.00
合计				￥500.00		￥45.00

运输工具种类	运输工具牌号	起运地	到达地	运输货物名称
公路运输	车号:闽B73283	北京市怀柔区	北京市东城区	HP电脑

价税合计（大写）	⊗ 伍佰肆拾伍元整	（小写）￥545.00

备注	

开票人：孙凤琴

- - - - - - ✂ - ✂ - - - - - -

业务 5 2023 年 12 月 7 日，取得原始凭证 3 张。

新增固定资产登记表

2023 年 12 月 07 日

资产名称	种类	单位	数量	接受投资日期	投入使用日期	使用部门
生产线	生产设备	条	1	2023-12-07	2023-12-07	生产车间

制表人：谢小花　　　　　　　　　　　　复核人：洪媚儿

股东会决议

经全体股东审议，将本公司注册资本由 2 000 000.00 元增加至 3 582 000.00 元，一致通过如下决议：

一、增资股东身份情况

（略）

二、增资股东出资情况

股东名称	认缴新增注册资本	认缴比例	实际出资金额	实际出资额占全体股东出资	出资到位日期	出资方式
恬程电子科技有限公司	1 582 000.00		1 582 000.00	45.02％	2023-12-07	实物

三、增资后各股东持股比例

股东名称	实际出资情况			
	变更前		变更后	
	金额	所占份额	金额	所占份额

股东代表签字：朱雅颜　张　叶

2023 年 12 月 07 日

电子发票（增值税专用发票）

发票号码：23112000000000089633
开票日期：2023年12月07日

购买方信息	名称：北京恒盛有限公司 统一社会信用代码/纳税人识别号：911101012552442304		销售方信息	名称：恬程电子科技有限公司 统一社会信用代码/纳税人识别号：911101129947285974	

项目名称	规格型号	单位	数量	单价	金额	税率/征收率	税额
*生产设备*生产线		条	1	1400000	1400000.00	13%	182000.00
合计					¥1400000.00		¥182000.00

价税合计（大写）	壹佰伍拾捌万贰仟元整	（小写）¥1582000.00

备注	

开票人：杨连祥

业务6 2023年12月8日，取得原始凭证2张。

中国建设银行客户专用回单

币别：人民币　　　　2023年12月08日　　　流水号：110120027J0500810074

付款人	全称	北京欣华阳线材有限公司	收款人	全称	北京恒盛有限公司
	账号	41622124292959		账号	41622124077014
	开户行	中国建设银行北京市西城区支行		开户行	中国建设银行北京市东城区支行
金额	人民币（大写）	伍仟肆佰伍拾元整		（小写）¥5450.00	
凭证种类	网银		凭证号码		
结算方式	转账		用途	转账	

打印柜员：110125584257
打印机构：中国建设银行北京市东城区支行
打印卡号：105053109202

打印时间：2023-12-08　　　交易柜员：110125584268　　　交易机构：110110500541152876

电子发票（增值税专用发票）

发票号码：23112000000000098573
开票日期：2023年12月08日

购买方信息	名称：北京欣华阳线材有限公司 统一社会信用代码/纳税人识别号：911101025951863795			销售方信息	名称：北京恒盛有限公司 统一社会信用代码/纳税人识别号：911101012552442304			
项目名称	规格型号	单位	数量	单价	金额		税率/征收率	税额
*经营租赁*设备租金		月	1	5000	5000.00		9%	450.00
合计					￥5000.00			￥450.00
价税合计（大写）	⊗ 伍仟肆佰伍拾元整				（小写） ￥5450.00			
备注								

开票人：王颖宏

业务7 2023年12月10日，取得原始凭证3张。

中国建设银行
转账支票存根
10501143

附加信息 付款行账号：
41622124077014

出票日期 **2023** 年 **12** 月 **10** 日

收款人：无锡荣光钢铁有限公司

金　额：￥31 640.00

用　途：支付工程物资款

单位主管　　会计

电子发票(增值税专用发票)

发票号码：23322000000000056408
开票日期：2023年12月10日

购买方信息	名称：北京恒盛有限公司 统一社会信用代码/纳税人识别号：911101012552442304	销售方信息	名称：无锡荣光钢铁有限公司 统一社会信用代码/纳税人识别号：913202024278282691

项目名称	规格型号	单位	数量	单价	金额	税率/征收率	税额
油漆		千克	2000	14	28000.00	13%	3640.00
合计					¥28000.00		¥3640.00

价税合计(大写) ⊗ 叁万壹仟陆佰肆拾元整　　(小写) ¥31640.00

备注：

开票人：相志利

入 库 单

2023 年 12 月 10 日　　　　　　　　　　　编号 RK

产品编号	名称	规格	计量单位	数量	单位成本	金额	备注
	油漆		千克	2 000			用于2023-10-26建设的厂房

会计联

交库人：节银国　　　　　　　　　　　　　　　收货人：陈小雨

业务8 2023 年 12 月 12 日，取得原始凭证 9 张。

 不动产销售

电子发票(增值税专用发票)

发票号码：23112000000000095759
开票日期：2023年12月12日

购买方信息	名称：北京恒盛有限公司 统一社会信用代码/纳税人识别号：911101012552442304	销售方信息	名称：长鸿房地产开发有限公司 统一社会信用代码/纳税人识别号：911101144207413307

项目名称	产权证书/不动产权证号	面积单位	数量	单价	金额	税率/征收率	税额
办公楼		平方米	100	18600	1860000.00	9%	167400.00
合计					¥1860000.00		¥167400.00

价税合计(大写) ⊗ 贰佰零贰万柒仟肆佰元整　　(小写) ¥2027400.00

备注：

开票人：赵海飞

中华人民共和国税收缴款书（契税专用）

填发日期：2023 年 12 月 12 日　　　　　　　　　　26273735

税务机关：北京市昌平区税务局契税所

纳税人识别号	911101017769690112		纳税人名称	北京恒盛有限公司		
土地、房屋	办公楼		成交面积	100 平方米	用途	办公
地址	北京市昌平区周国街宗建路 80 号					
税种	品目名称	计税依据	税率或单位税额	减免税额	税款所属时期	实缴金额
契税	房屋买卖	1 860 000.00	3%		2023-12-12	55 800.00
金额合计	人民币（大写）伍万伍仟捌佰元整					￥55 800.00
税务机关（征税专用章）		填票人：陈思（盖章）		契税征收 (013)000005337370 房地产交易契税申报 10494850087261370000 人民银行昌平区市级金库		

第一联

新增固定资产登记表

2023 年 12 月 12 日

资产名称	种类	单位	数量	购入日期	投入使用日期	使用部门
办公楼	房屋及建筑物	平方米	100	2023-12-12	2023-12-12	财务部

制表人：谢小花　　　　　　　　　　　　　　复核人：洪媚儿

经理办公会议纪要

因业务拓展需要，拟购买北京市昌平区周国街宗建路 80 号办公楼一套。

参加人员：洪媚儿　张艳辉　王小欣

2023 年 12 月 10 日

中华人民共和国印花税票销售凭证

填发日期：2023 年 12 月 12 日　　　　印字 44096318 号

购买单位	北京恒盛有限公司		购买人		
购买印花税票					
面值种类	数量	金额	面值种类	数量	金额
壹角票			伍元票		
贰角票			拾元票	3	30.00
伍角票			伍拾元票		
壹元票			壹佰元票	9	900.00
贰元票			总计		930.00
金额总计（大写）：零佩零拾零万零仟玖佰叁拾零元零角零分					
销售单位（盖章） 征税专用章		售票人 董莉 （盖章）		备注	

北京市政府非税收入一般缴款书

财准印 008 号　　No 13167024

执收单位代码：110034
执收单位名称：北京市不动产登记中心　　　　收款日期：2023 年 12 月 12 日

缴款人	全称	北京恒盛有限公司	收款人	全称	北京市政府非税收入专户	流水号	00026861
	账号	41622124077014		账号	41001956110097		
	开户银行	中国建设银行北京市东城区支行		开户银行	中国建设银行北京市昌平区支行		

代理银行网点代码	046	开票方式		缴款方式	
项目执行码	收费项目名称	单位	标准	数量	金额（小写）
1670	土地登记费	本	100.00	1	¥100.00
1542	房屋登记费	件	550.00	1	¥550.00
合计人民币（大写）陆佰伍拾元整					¥650.00
备注					

执收单位（盖章）：　　　　　　　　　　　　　　　经办人：宋玉生

北京市政府非税收入一般缴款书

财准印 002 号　　No 29238948

执收单位代码：110034

执收单位名称：北京市不动产登记中心　　　　　收款日期：2023 年 12 月 12 日

缴款人	全　称	北京恒盛有限公司	收款人	全　称	北京市政府非税收入专户	流水号	00033827
	账　号	41622124077014		账　号	41001956110097		
	开户银行	中国建设银行北京市东城区支行		开户银行	中国建设银行北京市昌平区支行		

代理银行网点代码　046　　开票方式　　　　缴款方式

项目执行码	收费项目名称	单位	标准	数量	金额(小写)	复核
3771	交易手续	元/平方米	3.00	100	¥300.00	记账

合计人民币(大写)　叁佰元整　　　　　　　　　　¥300.00　　开户行签章

备注　　　征收专用章

执收单位(盖章)：　　　　　　　　　　　　　　　　　　经办人：姜小平

业务9　2023 年 12 月 13 日，取得原始凭证 2 张。

电子发票（增值税专用发票）

发票号码：23322000000000096836
开票日期：2023年12月13日

购买方信息	名称：北京恒盛有限公司 统一社会信用代码/纳税人识别号：911101012552442304				销售方信息	名称：众邦维修服务有限公司 统一社会信用代码/纳税人识别号：913201045910660351			
项目名称	规格型号	单位	数量	单价	金额	税率/征收率	税额		
固定资产维修费		次	1	4000	4000.00	13%	520.00		
合计					¥4000.00		¥520.00		
价税合计(大写)	肆仟伍佰贰拾元整					(小写) ¥4520.00			

备注

开票人：孙浩

业务10 2023年12月15日,取得原始凭证3张。

电子发票(增值税专用发票)

发票号码:23112000000000057683
开票日期:2023年12月15日

购买方信息	名称:北京恒盛有限公司 统一社会信用代码/纳税人识别号:911101012552442304		销售方信息	名称:腾飞安装维修有限公司 统一社会信用代码/纳税人识别号:911101072843310574		
项目名称	建筑服务发生地	建筑项目名称	金额	税率/征收率	税额	
*建筑服务*装修费	北京市东城区王连街楼小路75号	办公楼	70000.00	9%	6300.00	
合计			¥70000.00		¥6300.00	
价税合计(大写)	⊗ 柒万陆仟叁佰元整			(小写) ¥76300.00		
备注	土地增值税项目编号: 跨地(市)标志:是					

开票人:刘泽军

中国建设银行　　电汇凭证

币别:人民币　　　　　2023年12月15日　　　　流水号:110120027J0500810026

汇款人	汇款方式	☑普通 □加急	收款人		
	全称	北京恒盛有限公司		全称	腾飞安装维修有限公司
	账号	41622124077014		账号	41622124666354
	汇出地点	省 北京 市/县		汇入地点	省 北京 市/县
	汇出行名称	中国建设银行北京市东城区支行		汇入行名称	中国建设银行北京市石景山区支行
金额	人民币(大写) 柒万陆仟叁佰元整				亿千百十万千百十元角分 ¥ 7 6 3 0 0 0 0

支付密码 7516-3059-7005-6218
附加信息及用途:支付装修费

中国建设银行
北京市东城区支行
2023-12-15
转讫(01)

朱雅颜
客户签章

会计主管　　授权　　复核　　录入

房屋租赁合同

承租方：__北京恒盛有限公司__（以下简称甲方）
出租方：__佳佳不动产有限公司__（以下简称乙方）
为明确双方权利和义务，经协商一致，订立本合同：
第一条　房屋基本情况。
1. 乙方出租给甲方的房屋位于：__江苏省南京市玄武区焦生街金启路21号__
2. 出租房屋面积共__3 000__平方米（使用面积）。
第二条　租赁期限、用途。
1. 该房租赁共__5__年。自__2023-10-15__起至__2028-10-15__止。
2. 用途：__办公__。
第三条　租金及支付方式。
该房每月租金为__120 000__元（大写__壹拾贰万元整__）。
……
第十八条　本合同及附件一式两份，由甲、乙双方各执一份，具有同等法律效力。
甲方：__北京恒盛有限公司__　　　　乙方：__佳佳不动产有限公司__
签约代表：__张艳辉__　　　　　　　签约代表：__柳玉玺__
签约日期：__2023-10-15__　　　　　签约日期：__2023-10-15__

业务11　2023年12月20日，取得原始凭证8张。

机动车销售统一发票
发 票 联

发票代码 **111011720002**
发票号码 **10941874**

开票日期 2023年12月20日

机打代码	111011720002	税控码	
机打号码	10941874		
机器编号			

购买方名称及身体证号码/组织机构代码	北京恒盛有限公司		纳税人识别号	911101017690690112	
车辆类型	轿车	厂牌型号		产地	北京市
合格证号	GWD046558365069	进口证明书号		商检单号	
发动机号码	P450785	车辆识别代号/车架号码	LVGBM51KBFG630031		
价税合计	⊗ 贰拾肆万捌仟陆佰元整			小写 ¥ 248 600.00	
销货单位名称	罗钻汽车销售有限公司			电话	010-69510555
纳税人识别号	911101136572055338			账号	41622124399837
地址	北京市顺义区95街07路31号			开户银行	中国建设银行北京市顺义区支行
增值税税率或征收率	13%	增值税税额	¥ 28 600.00	主管税务机关及代码	北京市顺义区税务局 1110113
不含税价	小写 ¥ 220 000.00	完税凭证号码		吨位 0	限乘人数 5
销货单位盖章		开票人：董俊明		备注：一车一票	

机动车销售统一发票

发票联

开票日期 2023年12月20日

发票代码 111011720002
发票号码 10941874

机打代码	111011720002	税控码	
机打号码	10941874		
机器编号			

购买方名称及身体证号码/组织机构代码	北京恒盛有限公司	纳税人识别号	911101017690690112
车辆类型	轿车	厂牌型号		产　地	北京市
合格证号	GWD046558365069	进口证明书号		商检单号	
发动机号码	P450785	车辆识别代号/车架号码	LVGBM51K6FG630031		
价税合计	⊗贰拾肆万捌仟陆佰元整			小写￥248 600.00	
销货单位名称	罗钻汽车销售有限公司	电话	010-69510555
纳税人识别号	911101136572055338	账号	41622124399837
地　　址	北京市顺义区95街07路31号	开户银行	中国建设银行北京市顺义区支行
增值税税率或征收率	13%	增值税额	￥28 600.00	主管税务机关及代码	北京市顺义区税务局 1110113
不含税价	小写￥220 000.00	完税凭证号码		吨位	0	限乘人数	5

销货单位盖章　　开票人：董俊明　　备注：一车一票

（印章：罗钻汽车销售有限公司 发票专用章 911101136572055338）

北京市政府非税收入一般缴款书

财准印 2023 号　NO.05604708

执收单位代码：081675
执收单位名称：北京市公安局交通巡逻警察支队　　收款日期：2023 年 12 月 20 日

缴款人	全　称	北京恒盛有限公司	收款人	全　称	北京市政府非税收入专户	流水号	00001358
	账　号	41622124077014		账　号	41001432100111		
	开户银行	中国建设银行北京市东城区支行		开户银行	中国建设银行北京市东城区支行		

代理银行网点代码　　　　开票方式　　　　缴款方式

项目执行码	收费项目名称	单位	标准	数量	金额（小写）
0675	机动车号牌工本费		汽车号牌(反光)100.00元	1	100.00
0677	机动车行驶证工本费		机动车行驶证15.00元	1	15.00
0684	机动车登记证书工本费		机动车证书工本费10.00元	1	10.00

合计人民币（大写）壹佰贰拾伍元整　　￥125.00

备注：

执收单位（盖章）：　　　　　　　　　　　经办人：胡俊刚

复核　记账　开户行签章

（印章：北京市 非税收入 征收专用章）

中华人民共和国印花税票销售凭证

填发日期：2023 年 12 月 20 日　　　印字 50407397 号

购买单位	北京恒盛有限公司	购买人		
购买印花税票				
面值种类	数量	金额	面值种类	数量	金额
壹角票			伍元票	1	5.00
贰角票			拾元票	1	10.00
伍角票			伍拾元票	1	50.00
壹元票	1	1.00	壹百元票		
贰元票			总计		66.00
金额总计（大写）：零佰零拾零万零仟零佰陆拾陆元零角零分					
销售单位（盖章）		售票人 杨战国（盖章）		备注	

第二联（收据）购票单位作报销凭证

中华人民共和国税收通用缴款书

校验码：0618321　　税缴电：No.09105511

纳税人编码：769069011　　填发日期：2023 年 12 月 20 日　　征收机关：北京市税务局车辆购置税征收管理分局
隶属关系：区
注册类型：有限责任公司

缴款单位（人）	代码	911101017690690112	预算科目	编码	1011601
	全称	北京恒盛有限公司		名称	车辆购置税
	开户银行	中国建设银行北京市东城区支行		级次	中央 100%
	账号	41622124077014		收款国库	国家金库北京市东城区支库

税款所属时期 2023 年 12 月 20 日至 2023 年 12 月 31 日　　税款限缴时期 2024 年 02 月 18 日

品目名称	课税数量	计税金额或销售收入	税率或单位税额	已缴或扣除额	实缴金额
车辆购置税		220 000.00	10%		22 000.00
金额合计	（大写）人民币贰万贰仟元整				￥22 000.00

缴款单位（盖章）　税务机关（盖章）
中国建设银行 北京市东城区支行 2023-12-20 办讫(01)

经办人（章）征税专用填票人（章）　国库(银行)盖章　　年　月　日

逾期不缴按税法规定加收滞纳金。

第一联（收据）国库（经收处）收款盖章后退缴款单位（人）作完税凭证

新增固定资产登记表

2023 年 12 月 20 日

资产名称	种类	单位	数量	购入日期	投入使用日期	使用部门
轿车	运输工具	辆	1	2023-12-20	2023-12-20	办公室

制表人：谢小花　　　　　　　　　　　　复核人：洪媚儿

电子发票（增值税专用发票）　　　发票号码：23112000000000094401
开票日期：2023年12月20日

购买方信息	名称：	北京恒盛有限公司		销售方信息	名称：	北京阳光保险股份有限公司
	统一社会信用代码/纳税人识别号：	911101012552442304			统一社会信用代码/纳税人识别号：	911101018224255145

项目名称	规格型号	单位	数量	单价	金额	税率/征收率	税额
*保险服务*车险-商业车险-示范条款…		年	1	4000	4000.00	6%	240.00
*保险服务*车险-交强险-企业非营业…		年	1	950	950.00	6%	57.00
合计					￥4950.00		￥297.00

价税合计（大写）	⊗ 伍仟贰佰肆拾柒元整	（小写）￥5247.00

备注：保险单号：33204190320232238、33204190320234896 车牌号/船舶登记号：京B43895 税款所属期：2023年1-12月代收车船税 车架号：LBNLMAQ87H0JF236 代收车船税金额：30.00 滞纳金金额：0.00 金额合计：5277.00

开票人：张建国

中国建设银行
转账支票存根
10501147

附加信息 付款行账号：
41622124077014

出票日期 2023 年 12 月 20 日
收款人：罗钻汽车销售有限公司
金　额：￥276 398.00
用　途：支付购车相关款项
单位主管　　会计

业务 12 2023 年 12 月 21 日,取得原始凭证 1 张。

固定资产处置申请单

2023 年 12 月 21 日　　　　　　　　　　　　　　　　　金额单位:元

固定资产名称	A	单位	台	型号		数量	1
资产编号	GDZC001	停用时间	2023-12-21	投入使用时间	2018-11-07	使用部门	生产车间
已提折旧月数	60	原值	100 000.00	累计折旧		48 000.00	
有效使用年限(年)	10	月折旧额	800.00	净值		52 000.00	
处置原因:毁损报废							
财务部门意见: 同意报废　　洪媚儿 2023 年 12 月 21 日				公司领导意见: 同意报废　　张艳辉 2023 年 12 月 21 日			
编制人:钟国钊				使用部门负责人:陆家淇			

业务 13 2023 年 12 月 21 日,取得原始凭证 2 张。

电子发票(增值税专用发票)

发票号码:20112000000000034355
开票日期:2023年12月21日

购买方信息	名称:北京市物资回收有限公司 统一社会信用代码/纳税人识别号:911101014985768417					销售方信息	名称:北京恒盛有限公司 统一社会信用代码/纳税人识别号:911101012552442304			
	项目名称	规格型号	单位	数量	单价		金额	税率/征收率		税额
A			台	1	5000		5000.00	13%		650.00
合计							¥5000.00			¥650.00
价税合计(大写)	⊗ 伍仟陆佰伍拾元整					(小写) ¥5650.00				
备注										

开票人:王颖宏

中国建设银行 进账单（收账通知） 3

2023 年 12 月 21 日

出票人	全称	北京市物资回收有限公司	收款人	全称	北京恒盛有限公司
	账号	41622141423768		账号	41622124077014
	开户银行	中国建设银行北京市东城区支行		开户银行	中国建设银行北京市东城区支行

金额	人民币（大写）	伍仟陆佰伍拾元整	亿 千 百 十 万 千 百 十 元 角 分
			¥ 5 6 5 0 0 0

票据种类	转账支票	票据张数	1
票据号码	1050112625581641		

中国建设银行
北京市东城区支行
2023-12-21
办讫
(01)

开户银行签章

复核   记账

此联是收款人开户银行交给收款人的收账通知

业务 14　2023 年 12 月 21 日，取得原始凭证 1 张。

固定资产处置结果表
2023 年 12 月 21 日

固定资产名称	A	原价		已提折旧	
净值		出售价格（不含税）		清理费用	
出售净损益					
财务部门意见：净损益按《企业会计准则》处理。　洪媚儿　2023 年 12 月 21 日			公司领导意见：同意　张艳辉　2023 年 12 月 21 日		

业务 15　2023 年 12 月 23 日，取得原始凭证 1 张。

固定资产处置申请单
2023 年 12 月 23 日　　　　　　　金额单位：元

固定资产名称：	T	单位	台	型号		数量	1
资产编号	GDZC02	停用时间	2023-12-23	投入使用时间	2021-03-07	使用部门	生产车间
已提折旧月数	32	原值	50 000.00	累计折旧	12 800.00		
有效使用年限（年）	10	月折旧额	400.00	净值	37 200.00		
处置原因：对外捐赠							
财务部门意见：同意对外捐赠　洪媚儿　2023 年 12 月 23 日				公司领导意见：同意对外捐赠　张艳辉　2023 年 12 月 23 日			

编制人：钟国钊　　　　　　　　　使用部门负责人：陆家淇

业务 16 2023 年 12 月 23 日,取得原始凭证 1 张。

电子发票(增值税专用发票)

发票号码:23112000000000037411
开票日期:2023年12月23日

购买方信息	名称:加加纺织有限公司 统一社会信用代码/纳税人识别号:911101159801269936						销售方信息	名称:北京恒盛有限公司 统一社会信用代码/纳税人识别号:911101012552442304		
项目名称		规格型号	单位	数量	单价		金额		税率/征收率	税额
T			台	1	26000		26000.00		13%	3380.00
合计							¥26000.00			¥3380.00
价税合计(大写)		贰万玖仟叁佰捌拾元整					(小写) ¥29380.00			
备注										

开票人:王巍宏

业务 17 2023 年 12 月 30 日,取得原始凭证 1 张。

固定资产折旧表

2023 年 12 月 30 日　　　　　　　金额单位:元

固定资产类别	使用部门	名称	单位	数量	单位成本	原值	投入使用日期	预计使用年限	月折旧率	本月折旧额
运输工具	办公室	长城轿车	辆	1	180 000.00	180 000.00	2021-09-22	15		
房屋及建筑物	销售门市	办公楼	平方米	60	100 000.00	6 000 000.00	2019-09-10	20		
电子设备	财务部	hp电脑	台	4	3 500.00	14 000.00	2022-03-16	3		
合计						6 194 000.00				

审核:　　　　　　　　　　　　　　　编制:

业务 18 2023 年 12 月 31 日,取得原始凭证 1 张。

固定资产盘盈盘亏报告表

2023 年 12 月 31 日　　　　　　　金额单位:元

类别规格	名称规格	单位	存放地点	账面数量	实物数量	盘盈		盘亏			原因
						数量	重置成本	数量	原值	已提折旧	月折旧额	
电子设备	电脑	台	采购部	11	10			1	3 000.00	960.00	48.00	丢失被盗 进项税已抵扣
合计									¥3 000.00	¥960.00		

使用部门:采购部　　　　　　会计:谢小花　　　　　　主管:

业务 19 2023 年 12 月 31 日，取得原始凭证 1 张。

固定资产盘亏核销报告表

2023 年 12 月 31 日

固定资产名称	单位	盘亏			盘亏原因
		数量	原值	已提折旧	
电脑	台	1	3 000.00		丢失被盗
财务部门意见： 责任人（卢志城）赔偿 20.00%，公司承担 30.00%，北京平安保险股份有限公司赔偿 50%。 洪媚儿 2023 年 12 月 31 日		保管部门意见： 同意。 陆家淇 2023 年 12 月 31 日		公司领导意见： 同意。 张艳辉 2023 年 12 月 31 日	

项目五　财产物资核算岗位其他资产项目

一、财产物资岗位职责

1. 熟悉《企业会计准则》等国家的财务制度，认真贯彻执行国家的法律法规，按照国家统一会计制度规定设置财产物资岗位其他资产核算的科目。
2. 财产物资对应相关税款的计算与核算。
3. 记账及时准确，明细账要按日登记，总账要定期登记。
4. 核对、审核进项发票，保证发票的正确性和合法性。
5. 及时处理取得、摊销、处置的无形资产业务。
6. 对投资性房地产项目进行准确核算。

二、财产物资岗位素质要求

1. 掌握财产物资业务的具体核算要求，坚持原则、坚守岗位，工作细心、认真负责，不得弄虚作假。
2. 严格遵守公司财产物资管理的相关制度，形成严谨务实的工作态度和职业操守。
3. 熟练使用财务相关软件，具备扎实的专业技能。

三、实训任务

1. 进行无形资产摊销、处置净损益的计算，以及投资性房地产业务的核算，完成自制原始凭证的填制任务。
2. 根据原始凭证编制记账凭证。

财产物资核算岗位其他资产项目

业务1 2023年12月4日，取得原始凭证3张。

新增无形资产登记表

2023 年 12 月 04 日

资产名称	种类	单位	数量	购入日期	投入使用日期	使用部门
商标C	商标权	套	1	2023-12-04	2023-12-04	办公室

制表人：谢小花　　　　　　　　　　　　　　复核人：洪媚儿

电子发票（增值税专用发票）

发票号码：23322000000000091585
开票日期：2023年12月04日

购买方信息	名称：北京恒盛有限公司 统一社会信用代码/纳税人识别号：911101012552442304	销售方信息	名称：南京丰益有限公司 统一社会信用代码/纳税人识别号：913201153521876126

项目名称	规格型号	单位	数量	单价	金额	税率/征收率	税额
*无形资产*商标权商标C		项	1	10000	10000.00	6%	600.00
合计					￥10000.00		￥600.00

价税合计（大写）	壹万零陆佰元整	（小写）￥10600.00

备注	

开票人：冯泽民

中国建设银行
转账支票存根
10501148

附加信息 付款行账号：
XXXXXXXXXXXX 41622124077014
出票日期 2023 年 12 月 04 日
收款人：南京丰益有限公司
金　额：￥10 600.00
用　途：购入无形资产
单位主管　　会计

业务 2 2023 年 12 月 5 日,取得原始凭证 4 张。

经理办公会议纪要

　　经公司经营会议研究决定,我司决定将位于北京市东城区王连街楼小路 75 号厂房出租,该资产的原值为 200 000.00 元,已提折旧月数 12 个月,累计已计提折旧额 9 600.00 元,已提减值准备 0.00 元。该资产于 2023 年 12 月 03 日起不再自用。

参加人员:洪媚儿　王小欣　张艳辉

2023 年 12 月 03 日

固定资产处置申请单

2023 年 12 月 05 日　　　　　　　　　　　　　　金额单位:元

固定资产名称	厂房	单位	平方米	型号		数量	1
资产编号	GWSR011	停用时间	2023-12-05	投入使用时间	2022-11-01	使用部门	生产车间
已提折旧月数	12	原值	200 000.00	累计折旧		9 600.00	
有效使用年限(年)	20	月折旧额	800.00	净值		190 400.00	
处置原因:资产作出租使用							
财务部门意见: 同意出租　　　　　洪媚儿 2023 年 12 月 05 日				公司领导意见: 同意出租　　　　　张艳辉 2023 年 12 月 05 日			

编制人:钟国钊　　　　　　　　　　　　　　使用部门负责人:陆家淇

房屋租赁合同

承租方:__华信传媒服务有限公司__(以下简称甲方)

出租方:__北京恒盛有限公司__(以下简称乙方)

为明确双方权利和义务,经协商一致,订立本合同:

第一条　房屋基本情况。

1. 乙方出租给甲方的房屋位于:__北京市东城区王连街楼小路 75 号__
2. 出租房屋面积共__500__平方米(使用面积)。

第二条　租赁期限、用途。

1. 该房租赁共__1__年。自__2023-12-05__起至__2024-12-04__止。
2. 用途:__办公__。

第三条　租金及支付方式。

该房每月租金为__5 000.00__元(大写__伍仟元整__)。

……

第十八条　本合同及附件一式两份,由甲、乙双方各执一份,具有同等法律效力。

甲方:__华信传媒服务有限公司__　　　乙方:__北京恒盛有限公司__

签约代表:__魏智慧__　　　　　　　　签约代表:__张艳辉__

签约日期:__2023-12-05__　　　　　　签约日期:__2023-12-05__

新增投资性房地产登记表

2023 年 12 月 05 日

资产名称	种类	单位	数量	购入日期	转换日期	使用部门
厂房	生产设备	平方米	500	2022-11-01	2023-12-05	出租

制表人:谢小花　　　　　　　　　　　　　　　复核人:洪媚儿

业务3 2023年12月6日,取得原始凭证3张。

新增无形资产登记表

2023 年 12 月 06 日

资产名称	种类	单位	数量	购入日期	投入使用日期	使用部门
字号A	专利权	套	1	2023-12-06	2023-12-06	办公室

制表人:谢小花　　　　　　　　　　　　　　复核人:洪媚儿

发票号码:23142000000000058547
开票日期:2023年12月06日

购买方信息	名称: 北京恒盛有限公司 统一社会信用代码/纳税人识别号:911101012552442304	销售方信息	名称: 金鸿设计服务有限公司 统一社会信用代码/纳税人识别号:911401060965186344

项目名称	规格型号	单位	数量	单价	金额	税率/征收率	税额
*无形资产*专利权专利权字号A		套	1	5000	5000.00	6%	300.00
合计					¥5000.00		¥300.00

价税合计(大写)	⊗ 伍仟叁佰元整	(小写) ¥5300.00

备注	

开票人:康振国

中国建设银行
转账支票存根
10501149

附加信息　付款行账号:
41622124077014

出票日期 2023 年 12 月 06 日
收款人: 金鸿设计服务有限公司
金　额: ¥5 300.00
用　途: 购入无形资产
单位主管　　会计

业务4 2023年12月7日,取得原始凭证2张。

中国建设银行客户专用回单

币别:人民币　　　　　　　　　2023年12月07日　　　　流水号:110120027J0500810066

付款人	全称	华信传媒服务有限公司	收款人	全称	北京恒盛有限公司
	账号	41622124216061		账号	41622124077014
	开户行	中国建设银行北京市东城区支行		开户行	中国建设银行北京市东城区支行

金额	人民币(大写)伍仟肆佰伍拾元整		(小写) ￥5 450.00
凭证种类	网银	凭证号码	
结算方式	转账	用途	转账

打印柜员:110125584257
打印机构:中国建设银行北京市东城区支行
打印卡号:105588725566

打印时间:2023-12-07　　　　交易柜员:110125584268　　　　交易机构:110110500541152850

电子发票(增值税专用发票)
发票号码:23112000000000068522
开票日期:2023年12月07日

购买方信息	名称:华信传媒服务有限公司	销售方信息	名称:北京恒盛有限公司
	统一社会信用代码/纳税人识别号:911101019676658951		统一社会信用代码/纳税人识别号:911101012552442304

项目名称	规格型号	单位	数量	单价	金额	税率/征收率	税额
*无形资产*土地使用权05月房屋租赁		月		5000	5000.00	9%	450.00
合计					￥5000.00		￥450.00

价税合计(大写)	⊗ 伍仟肆佰伍拾元整	(小写) ￥5450.00

备注	

开票人:王颖宏

业务5 2023年12月9日,取得原始凭证4张。

经理办公会议纪要

我司出租的位于北京市东城区王连街楼小路75号办公楼于2023年12月08日到期,该办公楼按公允价值计量模式计价,初始成本为400 000.00元,期初无公允价值变动余额,2023年12月09日市场公允价值为544 000.00元。经公司经营会议研究决定将其收回,于2023年12月09日正式开始作为自用,用于本公司办公和商品生产。

参加人员:洪媚儿　王小欣　张艳辉

2023年12月07日

新增固定资产登记表

2023 年 12 月 09 日

资产名称	种类	单位	数量	购入日期	转换日期	使用部门
办公楼	房屋及建筑物	平方米	500	2019-05-10	2023-12-09	办公室

制表人：谢小花　　　　　　　　　　　　　　　复核人：洪媚儿

房屋租赁合同

承租方：__腾飞安装维修有限公司__（以下简称甲方）

出租方：__北京恒盛有限公司__（以下简称乙方）

为明确双方权利和义务，经协商一致，订立本合同：

第一条　房屋基本情况。

1. 乙方出租给甲方的房屋位于：__北京市东城区王连街楼小路75号__
2. 出租房屋面积共__500__平方米(使用面积)。

第二条　租赁期限、用途。

1. 该房租赁共__1__年。自__2022-12-08__起至__2023-12-08__止。
2. 用途：__办公__。

第三条　租金及支付方式。

该房租每月租金为5 000.00元(大写伍仟元整)。

……

第十八条　本合同及附件一式两份，由甲、乙双方各执一份，具有同等法律效力。

甲方：__腾飞安装维修有限公司__　　　乙方：__北京恒盛有限公司__

签约代表：梁惠娟　　　　　　　　　　签约代表：张艳辉

签约日期：2022-12-08　　　　　　　　签约日期：2022-12-08

投资性房地产处置申请单

2023 年 12 月 09 日

固定资产名称	办公楼	单位	平方米	型号		数量	1
资产编号	GDZC005	停用时间	2023-12-09	投入使用时间	2019-05-10	使用部门	出租
初始成本	400 000.00	公允价值变动	0.00	账面价值		400 000.00	
处置原因：出租资产转为生产经营用							
财务部门意见： 同意　　　　　　　洪媚儿 　　　　　　2023 年 12 月 09 日				公司领导意见： 同意　　　　　　　张艳辉 　　　　　　2023 年 12 月 09 日			

编制人：谢小花　　　　　　　　　　　　　使用部门负责人：张艳辉

业务6 2023年12月10日，取得原始凭证3张。

新增无形资产登记表
2023年12月10日

资产名称	种类	单位	数量	购入日期	投入使用日期	使用部门
书籍版权	著作权	套	1	2023-12-10	2023-12-10	办公室

制表人：谢小花　　　　　　　　　　　　　　　复核人：洪媚儿

电子发票（增值税专用发票）　　　发票号码：23212000000000040161
　　　　　　　　　　　　　　　　开票日期：2023年12月10日

购买方信息	名称：北京恒盛有限公司 统一社会信用代码/纳税人识别号：911101012552442304			销售方信息	名称：凯旋印务有限公司 统一社会信用代码/纳税人识别号：		
项目名称	规格型号	单位	数量	单价	金额	税率/征收率	税额
*无形资产*著作权书籍版权		套	1	6800	6800.00	6%	408.00
合计					￥6800.00		￥408.00
价税合计（大写）	⊗ 柒仟贰佰零捌元整				（小写）￥7208.00		
备注							

开票人：魏敬安

中国建设银行客户专用回单

币别：人民币　　　　2023年12月10日　　　流水号：1050054115284575699

付款人	全称	北京恒盛有限公司	收款人	全称	凯旋印务有限公司
	账号	41622124077014		账号	41622124113247
	开户行	中国建设银行北京市东城区支行		开户行	中国建设银行大连市西岗区支行
金额	人民币（大写）柒仟贰佰零捌元整			（小写）￥7 208.00	
凭证种类	网银		凭证号码		
结算方式	转账		用途	购入无形资产	

打印柜员：110125584257
打印机构：中国建设银行北京市东城区支行
打印卡号：105274304650

打印时间：2023-12-10　　交易柜员：110125584268　　交易机构：110110500541152865

业务7　2023年12月11日，取得原始凭证2张。

中国建设银行客户专用回单

币别：人民币　　　　　　　　2023年12月11日　　　　流水号：110120027J0500810008

付款人	全称	加加纺织有限公司	收款人	全称	北京恒盛有限公司
	账号	41622124517212		账号	41622124077014
	开户行	中国建设银行北京市大兴区支行		开户行	中国建设银行北京市东城区支行
金额		人民币（大写）壹万零陆佰元整		（小写）￥10 600.00	
凭证种类		电汇凭证	凭证号码		
结算方式		电汇	用途		出租商标权租金
			打印柜员：110125584257 打印机构：中国建设银行北京市东城区支行 打印卡号：105538298602		电子回单 专用章

打印时间：2023-12-11　　　交易柜员：110125584268　　　交易机构：110110500541152881

电子发票（增值税专用发票）

发票号码：23112000000000064775
开票日期：2023年12月11日

购买方信息	名称：加加纺织有限公司 统一社会信用代码/纳税人识别号：911101159801269936			销售方信息	名称：北京恒盛有限公司 统一社会信用代码/纳税人识别号：911101012552442304			
项目名称	规格型号	单位	数量	单价	金额	税率/征收率	税额	
*无形资产*商标权出租商标权租金租金		月	1	10000	10000.00	6%	600.00	
合计					￥10000.00		￥600.00	
价税合计（大写）	⊗ 壹万零陆佰元整				（小写）￥10600.00			
备注								

开票人：王颖宏

业务8 2023年12月12日，取得原始凭证10张。

电子发票（增值税专用发票）

发票号码：23232000000000090241
开票日期：2023年12月12日

不动产销售

购买方信息	名称：北京恒盛有限公司 统一社会信用代码/纳税人识别号：911101012552442304			销售方信息	名称：哈尔滨新凯合酒店有限公司 统一社会信用代码/纳税人识别号：912301047992354045		
项目名称	产权证书/不动产权证号	面积单位	数量	单价	金额	税率/征收率	税额
*不动产*办公楼		平方米	80	18600	1488000.00	9%	133920.00
合计					¥1488000.00		¥133920.00
价税合计（大写）	⊗ 壹佰陆拾贰万壹仟玖佰贰拾元整			（小写） ¥1621920.00			
备注							

开票人：刘保

中华人民共和国税收缴款书（契税专用）

02632220

填发日期：2023 年 12 月 12 日

税务机关　哈尔滨市道外区税务局契税所

纳税人识别号	911101017690690112		纳税人名称	北京恒盛有限公司	
土地、房屋	办公楼		成交面积	80平方米	用途 投资
地址	黑龙江省哈尔滨市道外区邢建街张其路88号				
税种	品目名称	计税依据	税率或单位税额	减免税额	税款所属时期 实缴金额
契税	房屋买卖	1 488 000.00	3%		2023-12-12　44 640.00
金额合计人民币（大写）	肆万肆仟陆佰肆拾元整				¥44 640.00
		填票人：林杨（盖章）		契税征收(013)000005389332 房地产交易契税申报 074528913248401050000 人民银行道外区市级金库	

新增投资性房地产登记表

2023 年 12 月 12 日

资产名称	种类	单位	数量	购入日期	投入使用日期	使用部门
办公楼	房屋及建筑物	平方米	80	2023-12-12	2023-12-12	出租

制表人：谢小花　　　　　　　　　　　　　　　复核人：洪媚儿

经理办公会议纪要

因业务拓展需要，拟购买黑龙江省哈尔滨市道外区邢建街张其路88号办公楼一套，用于出租。

参加人员：洪媚儿　张艳辉　王小欣

2023年12月10日

房屋租赁合同

承租方：__华信传媒服务有限公司__（以下简称甲方）

出租方：__北京恒盛有限公司__（以下简称乙方）

为明确双方权利和义务，经协商一致，订立本合同：

第一条　房屋基本情况。

1. 乙方出租给甲方的房屋位于：__黑龙江省哈尔滨市道外区邢建街张其路88号__
2. 出租房屋面积共__80__平方米（使用面积）。

第二条　租赁期限、用途。

1. 该房租赁共__1__年。自__2023-12-12__起至__2024-12-12__止。
2. 用途：__投资__。

第三条　租金及支付方式。

该房租每月租金为__5 000.00__元（大写__伍仟元整__）。

……

第十八条　本合同及附件一式两份，由甲、乙双方各执一份，具有同等法律效力。

甲方：__华信传媒服务有限公司__　　乙方：__北京恒盛有限公司__

签约代表：__高小哲__　　　　　　　签约代表：__张艳辉__

签约日期：__2023-12-12__　　　　　签约日期：__2023-12-12__

中国建设银行客户专用回单

币别：人民币　　2023年12月12日　　流水号：110120027J0500810046

付款人	全称	北京恒盛有限公司	收款人	全称	新凯合酒店有限公司
	账号	41622124077014		账号	41622124257723
	开户行	中国建设银行北京市东城区支行		开户行	中国建设银行哈尔滨市道外区支行
金额	人民币（大写）	肆万陆仟叁佰叁拾肆元整		（小写）￥46 334.00	
凭证种类		网银	凭证号码		
结算方式		转账	用途		支付税费

打印柜员：110125584257
打印机构：中国建设银行北京市东城区支行
打印卡号：105476734056

打印时间：2023-12-12　　交易柜员：110125584268　　交易机构：110110500541152846

中国建设银行客户专用回单

币别：人民币　　　　2023年12月12日　　　　流水号：110120027J0500810056

付款人	全称	北京恒盛有限公司	收款人	全称	新凯合酒店有限公司
	账号	41622124077014		账号	41622124257723
	开户行	中国建设银行北京市东城区支行		开户行	中国建设银行哈尔滨市道外区支行
金额	人民币（大写）	壹佰陆拾贰万壹仟玖佰贰拾元整		（小写）￥1 621 920.00	
凭证种类		网银	凭证号码		
结算方式		转账	用途		购买不动产

打印柜员：110125584257
打印机构：中国建设银行北京市东城区支行
打印卡号：105717950464

打印时间：2023-12-12　　交易柜员：110125584268　　交易机构：110110500541152856

中华人民共和国
印花税票销售凭证

填发日期：2023年12月12日　　　　印字 17072336 号

购买单位	北京恒盛有限公司		购买人		
购买印花税票					
面值种类	数量	金额	面值种类	数量	金额
壹角票			伍元票		
贰角票			拾元票	4	40.00
伍角票			伍拾元票		
壹元票			壹百元票	7	700.00
贰元票	2	4.00	总计		744.00

金额总计（大写）：零佰零拾零万零仟柒佰肆拾肆元零角零分

销售单位（盖章）征税专用章	售票人 赵海飞（盖章）	备注

哈尔滨市政府非税收入一般缴款书

财准印 015 号　　No49798241

执收单位代码：110034
执收单位名称：哈尔滨市不动产登记中心　　　收款日期：2023年12月12日

缴款人	全称	北京恒盛有限公司	收款人	全称	哈尔滨市政府非税收入专户	流水号	00022363
	账号	41622124077014		账号	41001956110097		
	开户银行	中国建设银行北京市东城区支行		开户银行	中国建设银行哈尔滨市道外区支行		

代理银行网点代码：046　　开票方式：　　缴款方式：

项目执行码	收费项目名称	单位	标准	数量	金额（小写）
1670	土地登记费	本	100.00	1	￥100.00
1542	房屋登记		550.00	1	￥550.00
合计人民币（大写）陆佰伍拾元整					￥650.00

备注：征收专用章

执收单位（盖章）：　　　　　　　　　　　　　　　　　　经办人：王滨

哈尔滨市政府非税收入一般缴款书

财准印 024 号　No24080020

执收单位代码：110034

执收单位名称：哈尔滨市不动产登记中心　　　收款日期：2023 年 12 月 12 日

缴款人	全称	北京恒盛有限公司	收款人	全称	哈尔滨市政府非税收入专户	流水号	00028676
	账号	41622124077014		账号	41001956110097		
	开户银行	中国建设银行北京市东城区支行		开户银行	中国建设银行哈尔滨市道外区支行		

代理银行网点代码	046	开票方式		缴款方式	

项目执行码	收费项目名称	单位	标准	数量	金额（小写）
3771	交易手续费		3.00	100	￥300.00

合计人民币（大写）	叁佰元整		￥300.00

备注：

执收单位（盖章）：　　　　　　　　　　　　　　　　经办人：姜小平

复核　记账　开户行签章

第二联　收据联

非税收入管理中心监制

业务9　2023 年 12 月 15 日，取得原始凭证 3 张。

电子发票（增值税专用发票）

发票号码：23112000000000034260
开票日期：2023年12月15日

购买方信息	名称：品嘉园服饰有限公司	销售方信息	名称：北京恒盛有限公司
	统一社会信用代码/纳税人识别号：911101123224784828		统一社会信用代码/纳税人识别号：911101012552442304

项目名称	规格型号	单位	数量	单价	金额	税率/征收率	税额
*无形资产*专利权专利权Y		个	1	28750	28750.00	6%	1725.00
合计					￥28750.00		￥1725.00

价税合计（大写）	叁万零肆佰柒拾伍元整	（小写）￥30475.00

备注：

开票人：王颖宏

中国建设银行客户专用回单

币别：人民币　　　　2023 年 12 月 15 日　　　流水号：110120027J0500810071

付款人	全　称	品嘉园服饰有限公司	收款人	全　称	北京恒盛有限公司
	账　号	41622124278262		账　号	41622124077014
	开户行	中国建设银行北京市通州区支行		开户行	中国建设银行北京市东城区支行
金　额		人民币（大写）叁万零肆佰柒拾伍元整		（小写）	￥30 475.00
凭证种类		电汇凭证	凭证号码		
结算方式		电汇	用途		专利权 Y 转让费

打印柜员：110125584257
打印机构：中国建设银行北京市东城区支行
打印卡号：105464964543

打印时间：2023-12-15　　　交易柜员：110125584268　　　交易机构：110110500541152845

无形资产处置申请单

2023 年 12 月 15 日

无形资产名称	原价	累计摊销额	净值	处置原因
专利权 Y	25 000.00	3 749.94	21 250.06	对外转让
无形资产管理部门意见： 同意 张勇 2023 年 12 月 15 日	财务部门意见： 同意 洪媚儿 2023 年 12 月 15 日		单位领导意见： 同意 张艳辉 2023 年 12 月 15 日	

业务 10　2023 年 12 月 21 日，取得原始凭证 2 张。

北京市行政事业单位资金往来结算票据（北京市）

北京市

京　财准印 2023—003—002 号

付款单位：北京恒盛有限公司　　　2023 年 12 月 21 日　　　No：09728555

收据项目	数量	金额
保证金（北京市东城区 A3 地块）		50 000.00
金额合计（小写）		￥50 000.00
金额合计（大写）	伍万元整	

收款单位（盖章）：　　　复核：　　　收款人：苗文丹

第二联 收据

中国建设银行
转账支票存根
10501150

附加信息 付款行账号：
41622124077014
出票日期 2023 年 12 月 21 日
收款人：北京市国土资源局
金　额：￥50 000.00
用　途：交土地出让保证金
单位主管　　会计

业务 11　2023 年 12 月 21 日，取得原始凭证 2 张。

中国建设银行
转账支票存根
10501151

附加信息 付款行账号：
41622124077014

出票日期 2023 年 12 月 21 日
收款人：北京市财政局
金　额：¥1 950 000.00
用　途：土地出让价款
单位主管　　会计

北京市非税收入一般缴款书(北京市)(收据)4

京　财准印 2023—003—002 号　　　　　0102911258

执收单位名称：北京市财政局　　　　区划码：110101　　No:0102911258

执收单位编码：998018002　　直接解缴□　集中汇缴□　现金□　转账☑

　　　　　　　　　　　　　　　　　　　　　填制日期：2023 年 12 月 21 日

付款人	全　称	北京恒盛有限公司	收款人	全　称	北京市财政局
	账　号	41622124077014		账　号	41622059752442
	开户银行	中国建设银行北京市东城区支行		开户银行	中国建设银行北京市东城区支行

项目编码	项目	计收单位	数量	收缴标准	金额
3088010102	土地出让价款		1		2 000 000.00

人民币金额(大写)贰佰万元整　　　　　　　　　　¥2 000 000.00

执收单位(盖章)　　经办人(盖章)	备注：北京市东城区 A3 地块

校验码：3038　　　　　　　　　本缴款书付款期为 10 天(节假日顺延)，过期无效

业务 12 2023 年 12 月 23 日,取得原始凭证 2 张。

新增无形资产登记表
2023 年 12 月 23 日

资产名称	种类	单位	数量	捐赠日期	投入使用日期	使用部门
著作权	著作权	个	1	2023-12-23	2023-12-23	财务部

制表人:谢小花　　　　　　　　　　　　　复核人:洪媚儿

电子发票（增值税专用发票）　　发票号码:23112000000000062973
　　　　　　　　　　　　　　　开票日期:2023年12月23日

购买方信息	名称:北京恒盛有限公司 统一社会信用代码/纳税人识别号:911101012552442304
销售方信息	名称:文达设计服务有限公司 统一社会信用代码/纳税人识别号:911101173452751443

项目名称	规格型号	单位	数量	单价	金额	税率/征收率	税额
著作权		个	1	18000	18000.00	6%	1080.00
合计					¥18000.00		¥1080.00

价税合计(大写)	壹万玖仟零捌拾元整	(小写) ¥19080.00
备注		

开票人:杨建艳

业务 13 2023 年 12 月 31 日,取得原始凭证 1 张。

无形资产摊销表
2023 年 12 月 31 日　　　　　　　　　　　　　　　金额单位:元

名称	账面原值	摊销期限(年)	月摊销额	类型	使用部门
专利权 Z	40 000.00	10	333.33	专利权	办公室
合计	40 000.00		333.33		

审核:洪媚儿　　　　　　　　　　　　　　　编制:谢小花

业务 14 2023 年 12 月 31 日,取得原始凭证 1 张。

无形资产摊销表
2023 年 12 月 31 日　　　　　　　　　　　　　　　金额单位:元

名称	账面原值	摊销期限(年)	月摊销额	类型	使用部门
商标 C	120 000.00	10	1 000.00	商标权	办公室
合计	120 000.00		1 000.00		

审核:洪媚儿　　　　　　　　　　　　　　　编制:谢小花

项目六　债权债务核算岗位负债项目

一、债权债务岗位职责

1. 熟悉《企业会计准则》等国家财务制度，认真贯彻执行国家的法律法规，按照国家统一会计制度规定设置债权债务岗位负债核算的科目。
2. 审核各类原始票据凭证的真实性、合法性和完整性。
3. 办理各项工资费用的计提和发放业务，编制会计凭证。
4. 办理各项应付款、应交税款的结算，定期进行预收款对账，及时清理各项债务。
5. 办理付款手续，对已受理的经济业务进行账务处理。

二、债权债务岗位素质要求

1. 掌握负债业务的具体核算要求，有较强的识票辩票能力，提升职业判断力。
2. 严格遵守《企业会计准则》的相关要求，确保计算和核算的准确性，形成严谨务实的工作态度和职业操守。
3. 熟练使用相关财务软件，具备扎实的专业技能。

三、实训任务

1. 进行工资费用分配、五险一金两费的计算，完成自制原始凭证的填制任务。
2. 根据原始凭证编制记账凭证。

财产物资核算岗位负债项目

业务1 2023年12月1日，取得原始凭证1张。

借 款 借 据

单位编号：05273110　　　　借款日期：2023年12月01日　　　　合同编号：00093

收款单位	名　称	北京恒盛有限公司	借款单位	名　称	北京恒盛有限公司
	结算户账号	41924996426573		贷款户账号	41924996813685
	开户银行	交通银行北京市东城区支行		开户银行	交通银行北京市东城区支行

借款金额	人民币（大写） 叁万元整	亿 千 百 十 万 千 百 十 元 角 分
		￥　　　　　3 0 0 0 0 0 0

借款原因及用途	流动资金不足借款	批准借款利率	年息 6.00%

借款期限

期次	计划还款日期	√	计划还款金额
1	2024-03-01		30 000.00 元
2			
3			

备注：

你单位上列借款，已转入你单位结算户内。借款到期时由我行按期自你单位结算户转缴。

借款单位（盖章：北京恒盛有限公司） 朱雅颜

转讫 (01) 2023-12-01 此致
（银行盖章）

此联由银行退借款单位作入账通知

业务2 2023年12月1日，取得原始凭证1张。

借 款 借 据

单位编号：05273110　　　　借款日期：2023年12月01日　　　　合同编号：55315

收款单位	名　称	北京恒盛有限公司	借款单位	名　称	北京恒盛有限公司
	结算户账号	41924996426573		贷款户账号	41924996813685
	开户银行	交通银行北京市东城区支行		开户银行	交通银行北京市东城区支行

借款金额	人民币（大写） 壹拾万元整	亿 千 百 十 万 千 百 十 元 角 分
		￥　　　　1 0 0 0 0 0 0 0

借款原因及用途	生产经营所需借款	批准借款利率	年息 10.00%

借款期限

期次	计划还款日期	√	计划还款金额
1	2026-12-01		100 000.00 元
2			
3			

备注：

你单位上列借款，已转入你单位结算户内。借款到期时由我行按期自你单位结算户转缴。

借款单位（盖章：北京恒盛有限公司） 朱雅颜

转讫 (01) 2023-12-01 此致
（银行盖章）

此联由银行退借款单位作入账通知

业务3 2023年12月3日，取得原始凭证3张。

电子发票（增值税专用发票）　　发票号码：23322000000000059054
　　　　　　　　　　　　　　　开票日期：2023年12月03日

购买方信息	名称：北京恒盛有限公司				销售方信息	名称：常州苏新股份有限公司		
	统一社会信用代码/纳税人识别号：911101012552442304					统一社会信用代码/纳税人识别号：913204115392208892		

项目名称	规格型号	单位	数量	单价	金额	税率/征收率	税额
Q101		千克	2000	30	60000.00	13%	7800.00
合计					￥60000.00		￥7800.00
价税合计(大写)	⊗ 陆万柒仟捌佰元整				(小写) ￥67800.00		
备注							

开票人：陈静

收　料　单

供应单位：常州苏新股份有限公司　　2023年12月03日　　编号：SL

材料编号	名称	单位	规格	数量		实际成本			
				应收	实收	单价	发票价格	运杂费	总价
10001	Q101	千克		2 000	2 000				

备注：

收料人：陈小雨　　　　　　　　　　　　　　　　　　交料人：樊金贵

中国建设银行
转账支票存根
10501152

付款行账号：41622124077014
出票日期：2023年12月03日
收款人：常州苏新股份有限公司
金额：￥67 800.00
用途：支付货款
单位主管　　会计

业务4 2023年12月5日,取得原始凭证4张。

电子发票(增值税专用发票)

发票号码:23322000000000064591
开票日期:2023年12月05日

购买方信息	名称:北京恒盛有限公司 统一社会信用代码/纳税人识别号:911101012552442304				销售方信息	名称:常州佳业股份有限公司 统一社会信用代码/纳税人识别号:913204056330476995			
项目名称	规格型号	单位	数量	单价	金额		税率/征收率	税额	
W201		千克	800	50	40000.00		13%	5200.00	
合计					¥40000.00			¥5200.00	
价税合计(大写)	⊗ 肆万伍仟贰佰元整					(小写) ¥45200.00			
备注									

开票人:赵小平

收　料　单

供应单位:常州佳业股份有限公司　　2023年12月05日　　编号:SL

材料编号	名称	单位	规格	数　量		实际成本			
				应收	实收	单价	发票价格	运杂费	总价
10002	W201	千克		800	800				

备注:

收料人:陈小雨　　　　　　　　　　　　　　　　交料人:李海燕

电子发票（增值税专用发票）

货物运输服务

发票号码：23112000000000057264
开票日期：2023年12月05日

购买方信息	名称：北京恒盛有限公司 统一社会信用代码/纳税人识别号：911101012552442304		销售方信息	名称：捷诺达物流有限公司 统一社会信用代码/纳税人识别号：911101051644719744	
项目名称	单位	数量	单价	金额	税率/征收率	税额
*运输服务*运输费	次	1	1000.00	1000.00	9%	90.00
合计				¥1000.00		¥90.00
运输工具种类	运输工具牌号	起运地	到达地	运输货物名称
公路运输	京B60643	常州市戚墅堰区	北京市东城区	W201
价税合计（大写）	壹仟零玖拾元整	（小写）¥1090.00
备注		

业务5 2023年12月6日，取得原始凭证1张。

经理办公会议纪要

鉴于南京飞科有限公司已于2021年12月06日完成破产清算程序，清算组未向我司请求支付欠其应付账款¥10 320.00（人民币壹万零叁佰贰拾元整），且该请求付款权已过诉讼时效，经决定将此笔款项计入当期损益。

参加人员：张艳辉　　洪媚儿　　王小欣

2023 年 12 月 06 日

业务6 2023年12月7日，取得原始凭证3张。

电子发票（增值税专用发票）

发票号码：23322000000000037332
开票日期：2023年12月07日

购买方信息	名称：北京恒盛有限公司 统一社会信用代码/纳税人识别号：911101012552442304		销售方信息	名称：南通云意有限公司 统一社会信用代码/纳税人识别号：913206119621851634	
项目名称	规格型号	单位	数量	单价	金额	税率/征收率	税额
W201		千克	192	50	9600.00	13%	1248.00
合计					¥9600.00		¥1248.00
价税合计（大写）	壹万零捌佰肆拾捌元整	（小写）¥10848.00
备注		

开票人：高小哲

收 料 单

供应单位：南通云意有限公司　　　2023年12月07日　　　编号：SL

材料编号	名称	单位	规格	数量		实际成本			
				应收	实收	单价	发票价格	运杂费	总价
10002	W201	千克		192	192				
备注：									

收料人：陈小雨　　　　　　　　　　　　　　　　　　　　　交料人：任玉敏

第二联 记账联

银行承兑汇票(存根)

出票日期　　　　　　　　　　　　　3　　10501151
（大写）　贰零贰叁年壹拾贰月零柒日　　　13338440

出票人全称	北京恒盛有限公司	收款人	全称	南通云意有限公司
出票人账号	41622124077014		账号	41622124001300
付款行名称	中国建设银行北京市东城区支行		开户银行	中国建设银行南通市港闸区支行

出票金额	人民币（大写）壹万零捌佰肆拾捌元整			亿千百十万千百十元角分 ￥ 1 0 8 4 8 0 0
汇票到期日（大写）	贰零贰肆年叁月零柒日	付款行	行号	105005411528
承兑协议编号	YHCD1191		地址	北京市东城区彭怀街孟立路29号
			密押	
			复核　　经办	
		备注：		

此联由出票人存查

债权债务核算岗位负债项目

业务7　2023年12月8日，取得原始凭证1张。

中国建设银行客户专用回单

转账日期：2023年12月08日
凭证字号：2023120835023045

纳税人全称及纳税人识别号：北京恒盛有限公司 911101017690690112
付款人全称：北京恒盛有限公司　　　　　　　　　征收机关名称：北京市东城区税务局
付款人账号：41622124077014　　　　　　　　　　收缴国库(银行)名称：国家金库北京市东城区支库
付款人开户银行：中国建设银行北京市东城区支行　缴款书交易流水号：202312085361997
小写(合计)金额：￥36 715.88　　　　　　　　　　税票号码：042017522607729916
大写(合计)金额：人民币叁万陆仟柒佰壹拾伍元捌角捌分
税(费)种名称　　　　　　所属时间　　　　　　　实缴金额
企业所得税　　　　　　　　　　　　　　　　　　￥36 715.88

业务8 2023年12月8日,取得原始凭证1张。

中国建设银行客户专用回单

转账日期:2023 年 12 月 08 日

凭证字号:2023120835023067

纳税人全称及纳税人识别号:北京恒盛有限公司 911101017690690112	
付款人全称:北京恒盛有限公司	
付款人账号:41622124077014	征收机关名称:北京市东城区税务局
付款人开户银行:中国建设银行北京市东城区支行	收缴国库(银行)名称:国家金库北京市东城区支库
小写(合计)金额:¥84 085.21	缴款书交易流水号:202312080562470
大写(合计)金额:人民币 捌万肆仟零捌拾伍元贰角壹分	税票号码:042017837545294880
税(费)种名称　　　所属时期	实缴金额
增值税　　　　　　20231101—20231130	¥84 085.21

业务9 2023年12月8日,取得原始凭证1张。

中国建设银行客户专用回单

转账日期:2023 年 12 月 08 日

凭证字号:2023120835023090

纳税人全称及纳税人识别号:北京恒盛有限公司 911101017690690112	
付款人全称:北京恒盛有限公司	
付款人账号:41622124077014	征收机关名称:北京市东城区税务局
付款人开户银行:中国建设银行北京市东城区支行	收缴国库(银行)名称:国家金库北京市东城区支库
小写(合计)金额:¥10 090.22	缴款书交易流水号:202312080784973
大写(合计)金额:人民币 壹万零玖拾元贰角贰分	税票号码:042017634920889179
税(费)种名称　　　所属时期	实缴金额
城市维护建设税　　20231101—20231130	¥5 885.96
教育费附加　　　　20231101—20231130	¥2 522.56
地方教育附加　　　20231101—20231130	¥1 681.70

业务10 2023年12月8日,取得原始凭证1张。

中国建设银行客户专用回单

转账日期:2023年12月08日
凭证字号:2023120835023081

纳税人全称及纳税人识别号:北京恒盛有限公司 911101017690690112
付款人全称:北京恒盛有限公司
付款人账号:41622124077014　　　　　　征收机关名称:北京市东城区税务局
付款人开户银行:中国建设银行北京市东城区支行　　收缴国库(银行)名称:国家金库北京市东城区支库
小写(合计)金额:¥598.21　　　　　　　　缴款书交易流水号:202312086280250
大写(合计)金额:人民币 伍佰玖拾捌元贰角壹分　税票号码:042017389219787448
税(费)种名称　　所属时期　　　　　　　实缴金额
个人所得税　　20231101—20231130　　　¥598.21

业务11 2023年12月10日,取得原始凭证2张。

工资发放明细表

2023年12月10日　　　　　　　　　　　　　　　　　　　　　　　　　　　单位:元

姓名	部门	岗位	应付工资	代扣三险一金				计税基础	代扣个人所得税	代扣款合计	实发工资
				代扣医疗保险	代扣养老保险	代扣失业保险	代扣住房公积金				
朱雅颜	办公室	法定代表人	10 000.00	200.00	800.00	20.00	1 200.00	7 780.00			
张艳辉	办公室	总经理	8 000.00	160.00	640.00	16.00	960.00	6 224.00			
林琳	办公室	办公室职员	4 000.00	80.00	320.00	8.00	480.00	3 112.00			
卢志城	采购部	采购员	3 000.00	60.00	240.00	6.00	360.00	2 334.00			
洪娟儿	财务部	财务经理	5 000.00	100.00	400.00	10.00	600.00	3 890.00			
谢小花	财务部	会计	3 500.00	70.00	280.00	7.00	420.00	2 723.00			
王颖宏	财务部	出纳	3 000.00	60.00	240.00	6.00	360.00	2 334.00			
陈小雨	财务部	仓管员	2 000.00	40.00	160.00	4.00	240.00	1 556.00			
王小欣	销售门市	销售经理	4 500.00	90.00	360.00	9.00	540.00	3 501.00			
林旭阳	销售门市	销售员	3 000.00	60.00	240.00	6.00	360.00	2 334.00			
陆家淇	生产车间	生产车间主任	5 000.00	100.00	400.00	10.00	600.00	3 890.00			
陈家乐	生产车间	车间核算员	3 000.00	60.00	240.00	6.00	360.00	2 334.00			
钟国钊	生产车间	车间工人	3 500.00	70.00	280.00	7.00	420.00	2 723.00			
合计			57 500.00	1 150.00	4 600.00	115.00	6 900.00	44 735.00			

审核:洪娟儿　　　　　　　　　　　　　　　　　　编制:谢小花

业务12 2023年12月11日,取得原始凭证1张。

中国建设银行客户专用回单

转账日期:2023年12月11日
凭证字号:2023121026288842

纳税人全称及纳税人识别号:北京恒盛有限公司 911101017790690112	
付款人全称:北京恒盛有限公司	征收机关名称:北京市东城区税务局
付款人账号:41622124077014	收缴国库(银行)名称:国家金库北京市东城区支库
付款人开户银行:中国建设银行北京市东城区支行	缴款书交易流水号:202312111605720
小写(合计)金额:¥36 579.84	税票号码:04201712118110625086660
大写(合计)金额:人民币叁万陆仟伍佰柒拾玖元捌角肆分	
税(费)种名称　　所属时期	实缴金额
医疗保险本金　　20231201—20231231	¥9 127.89
养老保险本金　　20231201—20231231	¥24 544.71
失业保险本金　　20231201—20231231	¥1 610.85
生育保险本金　　20231201—20231231	¥797.78
工伤保险本金　　20231201—20231231	¥498.61

业务13 2023年12月11日,取得原始凭证1张。

中国建设银行客户专用回单

币别:人民币　　　　2023年12月11日　　　　流水号:110120027J0500810068

付款人	全　称	北京恒盛有限公司	收款人	全　称	北京市住房公积金管理中心
	账　号	41622124077014		账　号	41622124214659
	开户行	中国建设银行北京市东城区支行		开户行	同城实时借记业务
金　额		人民币(大写)壹万叁仟捌佰元整			(小写)¥13 800.00
凭证种类		其他凭证	凭证号码		00005855
结算方式		转账	用途		WFP公积金 00011255 20201211

打印柜员:110125584257
打印机构:中国建设银行北京市东城区支行
打印卡号:105540485867

打印时间:2023-12-11　　　交易柜员:110125584268　　　交易机构:110110500541152890

业务 14 2023年12月14日，取得原始凭证1张。

业务 15 2023年12月15日，取得原始凭证1张。

收 款 收 据

2023 年 12 月 15 日　　　　　　　　　　　　　　NO.

今收到　南京江北有限公司

交来　包装物押金

金额（大写）　⊗佰⊗拾⊗万贰仟零佰零拾零元零角零分

¥2 000.00　　☑现金　□转账支票　□其他

收款单位（盖章）　　第三联　交财务　　现金收讫

核准：　　会计：　　记账：　　出纳：王颖宏　　经手人：李智芳

业务 16 2023年12月24日，取得原始凭证2张。

中国建设银行客户专用回单

币别：人民币　　2023 年 12 月 24 日　　流水号：110120027J0500810090

付款人	全称	南通天盛有限公司	收款人	全称	北京恒盛有限公司
	账号	41622124813459		账号	41622124077014
	开户行	中国建设银行南通市港闸区支行		开户行	中国建设银行北京市东城区支行
金额	人民币（大写）	壹万零伍佰叁拾元整		（小写）	¥10 530.00
凭证种类		电汇	凭证号码		
结算方式		电子汇划	用途		预付货款

打印柜员：110125584257
打印机构：中国建设银行北京市东城区支行
打印卡号：41622124077014

打印时间：2023-12-24　　交易柜员：110125584268　　交易机构：110124428

购销合同

购方：南通天盛有限公司　　　　　　　　　　　合同编号：20231
销方：北京恒盛有限公司　　　　　　　　　　　签订地点：北京市

供、需双方本着互利互惠、长期合作的原则，根据《中华人民共和国民法典》及双方的实际情况，就需方向供方采购事宜，订立本合同，以使双方在合同履行中共同遵守。

一、产品名称、数量、单价、金额：

产品名称	规格型号	计量单位	数量	单价	金额	备注
甲	KCSP001	件	90	113	10170.00	含税金额
合计					￥10170.00	
合计人民币（大写）：壹万零壹佰柒拾元整						

二、质量要求、技术标准、供方对质量负责的条件和期限：按合同企业标准

三、(1)交(提)货地点、方式：北京市东城区王连街楼小路75号

(2)交货日期：2024-01-08

四、付款时间与付款方式：购方与销方签订合同后的5个工作日内，购方向销方支付预付款。销方按照合同约定交货、安装、调试及试运行，并经购方组织的验收合格后的7个工作日内，购方向销方支付合同的剩余款项，付款方式:电汇

五、运输方式及到站、港和费用负担：

六、合理损耗及计算方法：以实际数量验收。

七、包装标准、包装物的供应与回收：普通包装，不回收包装物。

八、验收标准、方法及提出异议期限：

货到需方7天内提出质量异议，不包括运输过程中造成的质量问题。

自收到货物的30天内可以提出退货，运费由购货方承担。

九、连约责任：按《中华人民共和国民法典》

十、解决合同纠纷的方式：双方协商解决。

十一、其他约定事项：

本合同一式两份，供、需双方各一份，经双方盖章后即生效。

十二、本合同产品不含税金额9000元，税率13%，税额170元，并开具增值税专用发票。

购方(盖章)：南通天盛有限公司　　　　　　　销方(盖章)：北京恒盛有限公司
单位地址：江苏省南通市港闸区童达路19号　　单位地址：北京市东城区王连街楼小路75号
电　话：0513-58095358　　　　　　　　　　电　话：010-61744362
签订日期：2023-12-19　　　　　　　　　　　签订日期：2023-12-19
开户银行：中国建设银行南通市港闸区支行　　开户银行：中国建设银行北京市的东城区支行
账　号：41313910501022　　　　　　　　　账　号：41622124077014

- ✂ - ✂ - - - - - - - - - - - - -

业务17　2023年12月26日，取得原始凭证2张。

销　售　单

购货单位：南通天盛有限公司
地址和电话：江苏省南通市港闸区40街10路64号 0513—87535437　　　　单据编号：XS
纳税识别号：913206114989894252
开户行及账号：中国建设银行南通市港闸区支行 41622124813459　　制单日期：2023-12-26

编码	产品名称	规格	单位	单价	数量	金额	备注
KCSP001	甲		件	113.00	90	10 170.00	含税价
合计	人民币(大写)：壹万零壹佰柒拾元整				—	￥10 170.00	

销售经理：王小欣　　经手人：林旭阳　　会计：谢小花　　签收人：刘新喜

电子发票（增值税专用发票）

发票号码：23112000000000033956
开票日期：2023年12月26日

购买方信息	名称：南通天盛有限公司 统一社会信用代码/纳税人识别号：913206114318133068	销售方信息	名称：北京恒盛有限公司 统一社会信用代码/纳税人识别号：911101012552442304

项目名称	规格型号	单位	数量	单价	金额	税率/征收率	税额
甲		件	90	100	9000.00	13%	1170.00
合计					¥9000.00		¥1170.00
价税合计（大写）		⊗ 壹万零壹佰柒拾元整			（小写） ¥10170.00		
备注							

开票人：

业务18 2023年12月31日，取得原始凭证3张。

生产工时明细表

2023年12月31日

车间	产品	生产工时（小时）
生产车间	甲	600
生产车间	乙	400
合计		1 000

审核：洪媚儿　　　　　　　　　　　　　　编制：谢小花

工 资 明 细 表

2023年12月31日　　　　　　　　　　　　　单位：元

姓名	部门	岗位	应付工资
朱雅颜	办公室	法定代表人	10 000.00
张艳辉	办公室	总经理	8 000.00
林 琳	办公室	办公室职员	4 000.00
卢志城	采购部	采购员	3 000.00
洪媚儿	财务部	财务经理	5 000.00
谢小花	财务部	会计	3 500.00
王颖宏	财务部	出纳	3 000.00
陈小雨	财务部	仓管员	2 000.00
王小欣	销售门市	销售经理	5 000.00
林旭阳	销售门市	销售员	4 000.00
陆家淇	生产车间	生产车间主任	5 000.00
陈家乐	生产车间	车间核算员	3 000.00
钟国钊	生产车间	车间工人	3 000.00
合 计			58 500.00

审核：洪媚儿　　　　　　　　　　　　　　编制：谢小花

工资费用分配表

2023 年 12 月 31 日　　　　　　　　　　　　　　　金额单位:元

应借账户	直接计入	分配计入			合计
		生产工时(小时)	分配率	分配金额	
管理费用					
销售费用					
制造费用					
生产成本 甲					
生产成本 乙					
合计					

审核:　　　　　　　　　　　　　　　　　　　　　　编制:

业务 19 2023 年 12 月 31 日,取得原始凭证 2 张。

生产工时明细表

2023 年 12 月 31 日

车间	产品	生产工时(小时)
生产车间	甲	600
	乙	400
合计		1 000

审核:洪媚儿　　　　　　　　　　　　　　　　编制:谢小花

五险计算表

2023 年 12 月 31 日　　　　　　　　　　　　　　　　　单位:元

应借账户	医疗保险	养老保险	失业保险	生育保险	工伤保险	五险合计
管理费用						
销售费用						
制造费用						
生产成本 甲						
生产成本 乙						
合计						

审核:　　　　　　　　　　　　　　　　　　　　　　编制:

业务 20 2023 年 12 月 31 日,取得原始凭证 2 张。

生产工时明细表

2023 年 12 月 31 日

车间	产品	生产工时(小时)
生产车间	甲	600
	乙	400
合计		1 000

审核:洪媚儿　　　　　　　　　　　　　　　　编制:谢小花

住房公积金计算表

2023 年 12 月 31 日　　　　　　　　　　　　　　　　　单位:元

应借账户	住房公积金
管理费用	
销售费用	
制造费用	
生产成本 甲	
生产成本 乙	
合计	

审核:　　　　　　　　　　　　　　　　　　　　　　编制:

业务 21 2023年12月31日,取得原始凭证2张。

生产工时明细表
2023年12月31日

车间	产品	生产工时(小时)
生产车间	甲	600
	乙	400
合计		1 000

审核:洪媚儿　　　　　　　　　　　　　　　编制:谢小花

职工教育经费计算表
2023年12月31日　　　　　　　　　　　单位:元

应借账户		职工教育经费
管理费用		
销售费用		
制造费用		
生产成本	甲	
	乙	
合计		

审核:　　　　　　　　　　　　　　　　　编制:

业务 22 2023年12月31日,取得原始凭证2张。

生产工时明细表
2023年12月31日

车间	产品	生产工时(小时)
生产车间	甲	600
	乙	400
合计		1 000

审核:洪媚儿　　　　　　　　　　　　　　　编制:谢小花

工会经费计算表
2023年12月31日　　　　　　　　　　　单位:元

应借账户		工会经费
管理费用		
销售费用		
制造费用		
生产成本	甲	
	乙	
合计		

审核:　　　　　　　　　　　　　　　　　编制:

项目七　债权债务核算岗位所有者权益项目

一、债权债务岗位职责

1. 熟悉《企业会计准则》等国家财务制度，认真贯彻执行国家的法律法规，按照国家统一会计制度规定设置所有者权益核算的科目。
2. 审核各类原始票据凭证的真实性、合法性和完整性。
3. 会分析接受投资转入和与留存收益有关的业务，编制会计凭证。

二、债权债务岗位素质要求

1. 掌握所有者权益项目的具体核算要求，有较强的识票辩票能力，提升职业判断力。
2. 严格遵守《企业会计准则》的相关要求，确保计算和核算的准确性，形成严谨务实的工作态度和职业操守。
3. 熟练使用相关财务软件，具备扎实的专业技能。

三、实训任务

1. 进行接受投资、盈余公积计提、利润结转和分配的有关账务处理，完成自制原始凭证的填制任务。
2. 根据原始凭证编制记账凭证。

财产物资核算岗位所有者权益项目

注：本项目中各业务之间无必然联系。

业务1 2023年12月3日,取得原始凭证2张。

股东大会决议

经全体股东审议,将本公司注册资本由 743 179.88 元增加至 793 179.88 元,一致通过如下决议:

一、增资股东身份情况

(略)

二、增资股东出资情况

股东名称	认缴新增注册资本	认缴比例	实际出资金额	实际出资额占全体股东出资	出资到位日期	出资方式
北京宜鸿线材有限公司	50 000.00	6.31%	50 000.00	6.30%	2023-12-03	货币资金

三、增资后各股东持股比例

股东名称	实际出资情况			
	变更前		变更后	
	金额	所占份额	金额	所占份额
C公司	374 258.12	50.36%	374 258.12	47.18%
D公司	368 921.76	49.64%	368 921.76	46.51%
北京宜鸿线材有限公司	0.00	0.00%	50 000.00	6.31%

股东代表签字:刘新喜 赵海飞 张淑敏

北京恒盛有限公司
2023年12月03日

中国建设银行客户专用回单

币别:人民币　　　　2023 年 12 月 03 日　　　　流水号:110120027J0500810062

付款人	全称	北京宜鸿线材有限公司	收款人	全称	北京恒盛有限公司
	账号	41622124510916		账号	41622124077014
	开户行	中国建设银行北京市东城区支行		开户行	中国建设银行北京市东城区支行
金额	人民币(大写) 伍万元整			(小写) ￥50 000.00	
凭证种类	电汇凭证		凭证号码		
结算方式	电子汇划汇入		用途	投资款	
			打印柜员:110125584257		
			打印机构:中国建设银行北京市东城区支行		
			打印卡号:41622124077014		

打印时间:2023-12-03　　　　交易柜员:110125584268　　　　交易机构:110153556

业务 2 2023 年 12 月 5 日，取得原始凭证 3 张。

新增固定资产登记表

2023 年 12 月 05 日

资产名称	种类	单位	数量	接受投资日期	投入使用日期	使用部门
M 设备	生产设备	台	2	2023-12-05	2023-12-05	生产车间

制表人：谢小花　　　　　　　　　　　　　复核人：洪媚儿

股东大会决议

经全体股东审议，将本公司注册资本由 743 179.88 元增加至 928 779.88 元，一致通过如下决议：

一、增资股东身份情况

（略）

二、增资股东出资情况

股东名称	认缴新增注册资本	认缴比例	实际出资金额	实际出资额占全体股东出资	出资到位日期	出资方式
北京宜鸿线材有限公司	180 800.00	20.12%	180 800.00	20.12%	2023-12-05	实物

三、增资后各股东持股比例

股东名称	实际出资情况			
	变更前		变更后	
	金额	所占份额	金额	所占份额
C 公司	374 258.12	50.36%	374 258.12	40.23%
D 公司	368 921.76	49.64%	368 921.76	39.65%
北京宜鸿线材有限公司	0.00	0.00	180 800.00	20.12%

股东代表签字：陈义民　韩亚楠　苏建朝

北京恒盛有限公司
2023 年 12 月 05 日

电子发票（增值税专用发票）

发票号码：23112000000000029748
开票日期：2023年12月05日

购买方信息	名称：北京恒盛有限公司				销售方信息	名称：北京宜鸿线材有限公司		
	统一社会信用代码/纳税人识别号：911101012552442304					统一社会信用代码/纳税人识别号：911101016853623343		

项目名称	规格型号	单位	数量	单价	金额	税率/征收率	税额
*生产设备*M		台	2	80000.00	160000.00	13%	20800.00
合计					￥160000.00		￥20800.00

价税合计（大写）　　壹拾捌万零捌佰元整　　　　　　（小写）￥180800.00

备注

开票人：吕立国

业务3　2023年12月6日,取得原始凭证3张。

新增无形资产登记表

2023 年 12 月 06 日

资产名称	种类	单位	数量	接受投资日期	投入使用日期	使用部门
商标C	商标权	套	1	2023-12-06	2023-12-06	办公室

制表人:谢小花　　　　　　　　　　　　　复核人:洪媚儿

股东大会决议

经全体股东审议,将本公司注册资本由 743 179.88 元增加至 753 779.88 元,一致通过如下决议:

一、增资股东身份情况

（略）

二、增资股东出资情况

股东名称	认缴新增注册资本	认缴比例	实际出资金额	实际出资额占全体股东出资	出资到位日期	出资方式
文达设计服务有限公司	10 600.00	1.41%	10 600.00	1.41%	2023-12-06	无形资产

三、增资后各股东持股比例

股东名称	实际出资情况			
	变更前		变更后	
	金额	所占份额	金额	所占份额
C公司	374 258.12	50.36%	374 258.12	49.65%
D公司	368 921.76	49.64%	368 921.76	48.94%
文达设计服务有限公司	0.00	0.00		1.41%

股东代表签字:刘莹莹　孙建岭　李志平

北京恒盛有限公司
2023 年 12 月 06 日

电子发票（增值税专用发票）　　　发票号码：23112000000000041186
　　　　　　　　　　　　　　　　开票日期：2023年12月06日

购买方信息	名称：北京恒盛有限公司 统一社会信用代码/纳税人识别号：911101012552442304				销售方信息	名称：文达设计服务有限公司 统一社会信用代码/纳税人识别号：911101173452751443			
项目名称	规格型号	单位	数量	单价	金额		税率/征收率	税额	
*无形资产*商标权商标C		套	1	10000	10000.00		6%	600.00	
合计					¥10000.00			¥600.00	
价税合计(大写)		⊗ 壹万零陆佰元整				(小写) ￥10600.00			
备注									

开票人:王杏允

业务4 2023年12月7日，取得原始凭证1张。

股东大会决议

时间：2023年12月07日

应到会股东人数：2人

实际到会股东人数：2人

经全体股东审议，一致通过如下决议：本公司截止到2022年12月31日的资本公积（资本溢价）50 000.00元，现以资本公积（资本溢价）转增注册资本30 000.00元，将公司注册资本由743 179.88元增加到773 179.88元。公司增加注册资本后，股东的出资额和持股比例如下：

C公司：出资额为389 366.12元，持股比例为50.36%；

D公司：出资额为383 813.76元，持股比例为49.64%。

股东签名：赵 涛 牛瑞营

北京恒盛有限公司

2023年12月07日

业务5 2023年12月8日，取得原始凭证1张。

股东大会决议

时间：2023年12月08日

应到会股东人数：2人

实际到会股东人数：2人

经全体股东审议，一致通过如下决议：本公司截止到2022年12月31日的盈余公积（法定盈余公积）276 724.47元，现以盈余公积（法定盈余公积）转增注册资本10 000元，截止到2022年12月31日的盈余公积（任意盈余公积）17 649.86元，现以盈余公积（任意盈余公积）转增注册资本5 000元，将公司注册资本由743 179.88元增加到758 179.88元。公司增加注册资本后，股东的出资额和持股比例如下：

C公司：出资额为381 812.12元，持股比例为50.36%；

D公司：出资额为376 367.76元，持股比例为49.64%。

股东签名：张 斌 孙 虹

北京恒盛有限公司

2023年12月08日

业务6 2023年12月10日，取得原始凭证2张。

股东大会决议

经全体股东审议，将本公司注册资本由 743 179.88 元增加至 993 179.88 元，一致通过如下决议：

一、增资股东身份情况

（略）

二、增资股东出资情况

股东名称	认缴新增注册资本	认缴比例	实际出资金额	实际出资额占全体股东出资	出资到位日期	出资方式
久益家电有限公司	250 000.00	25.17%	250 000.00	25.17%	2023-12-10	货币资金

三、增资后各股东持股比例

股东名称	实际出资情况			
	变更前		变更后	
	金额	所占份额	金额	所占份额
C公司	374 258.12	50.36%	374 258.12	37.68%
D公司	368 921.76	49.64%	368 921.76	37.15%
久益家电有限公司	0.00	0.00	250 000.00	25.17%

股东代表签字：孙志华　王万勇　孙中一

北京恒盛有限公司
2023年12月10日

中国建设银行客户专用回单

币别：人民币　　　2023年12月10日　　　流水号：110120027J0500810038

付款人	全称	久益家电有限公司	收款人	全称	北京恒盛有限公司
	账号	41622124283693		账号	41622124077014
	开户行	中国建设银行北京市石景山区支行		开户行	中国建设银行北京市东城区支行
金额	人民币（大写）	贰拾伍万元整		（小写）	￥250 000.00
凭证种类	电汇凭证		凭证号码		
结算方式	电子汇划汇入		用途		投资款

打印柜员：110125584257
打印机构：中国建设银行北京市东城区支行
打印卡号：41622124077014

打印时间：2023-12-10　　　交易柜员：110125584268　　　交易机构：110153868

业务7 2023年12月15日,取得原始凭证3张。

新增固定资产登记表

2023年12月15日

资产名称	种类	单位	数量	接受投资日期	投入使用日期	使用部门
电脑	电子设备	台	10	2023-12-15	2023-12-15	财务部

制表人:谢小花　　　　　　　　　　　复核人:洪媚儿

电子发票(增值税专用发票)

发票号码:23322000000000072205
开票日期:2023年12月15日

购买方信息	名称:北京恒盛有限公司 统一社会信用代码/纳税人识别号:911101012552442304
销售方信息	名称:长江贸易有限公司 统一社会信用代码/纳税人识别号:913211115332049713

项目名称	规格型号	单位	数量	单价	金额	税率/征收率	税额
电脑		台	10	10000	100000.00	13%	13000.00
合计					¥100000.00		¥13000.00

价税合计(大写) ⊗ 陆万柒仟捌佰元整　　　　(小写) ¥113000.00

备注:

开票人:张树元

股东大会决议

经全体股东审议,将本公司注册资本由 743 179.88 元增加至 859 179.88 元,一致通过如下决议:

一、增资股东身份情况

(略)

二、增资股东出资情况

股东名称	认缴新增注册资本	认缴比例	实际出资金额	实际出资额占全体股东出资	出资到位日期	出资方式
长江贸易有限公司	113 000.00	13.60%	113 000.00	13.60%	2023-12-15	实物

三、增资后各股东持股比例

股东名称	实际出资情况			
	变更前		变更后	
	金额	所占份额	金额	所占份额
C公司	374 258.12	50.36%	374 258.12	43.51%
D公司	368 921.76	49.64%	368 921.76	42.89%
长江贸易有限公司	0.00	0.00	113 000	13.60%

股东代表签字:陈宝雷　邵晋伟　韩春民

北京恒盛有限公司
2023年12月15日

业务8 2023年12月15日,取得原始凭证3张。

股东大会决议

经全体股东审议,将本公司注册资本由 743 179.88 元增加至 795 379.88 元,一致通过如下决议:
一、增资股东身份情况
(略)
二、增资股东出资情况

股东名称	认缴新增注册资本	认缴比例	实际出资金额	实际出资额占全体股东出资	出资到位日期	出资方式
北京欣华阳线材有限公司	50 850.00	6.61%	50 850.00	6.62%	2023-12-15	实物

三、增资后各股东持股比例

股东名称	实际出资情况			
	变更前		变更后	
	金额	所占份额	金额	所占份额
C公司	374 258.12	50.36%	374 258.12	47.03%
D公司	368 921.76	49.64%	368 921.76	46.36%
北京欣华阳线材有限公司	0.00	0.00	50 850.00	6.61%

股东代表签字:王建石 马明军 张 弘

2023年12月15日

电子发票(增值税专用发票)

发票号码:23112000000000059123
开票日期:2023年12月15日

购买方信息	名称:北京恒盛有限公司				销售方信息	名称:北京欣华阳线材有限公司		
	统一社会信用代码/纳税人识别号:911101012552442304					统一社会信用代码/纳税人识别号:911101027825905024		
项目名称	规格型号	单位	数量	单价	金额	税率/征收率	税额
Q101		千克	1500	30	45000.00	13%	5850.00
合计					¥45000.00		¥5850.00
价税合计(大写)	⊗ 伍万零捌佰伍拾元整				(小写) ¥50850.00		
备注	接受存货投资						

开票人:马建民

收 料 单

供应单位：北京欣华阳线材有限公司　　2023年12月15日　　编号：SL

材料编号	名称	单位	规格	数量		实际成本			
				应收	实收	单价	发票价格	运杂费	总价
10001	Q101	千克		1 500	1 500				
备注：									

收料人：陈小雨　　　　　　　　　　　　　　　交料人：苏卫红

业务9　2023年12月16日，取得原始凭证3张。

股东大会决议

经全体股东审议，将本公司注册资本由743 179.88元增加至789 579.88元，一致通过如下决议：

一、增资股东身份情况
（略）

二、增资股东出资情况

股东名称	认缴新增注册资本	认缴比例	实际出资金额	实际出资额占全体股东出资	出资到位日期	出资方式
盐城达美有限公司	45 200.00	5.92％	45 200.00	5.92％	2023-12-16	实物

三、增资后各股东持股比例

股东名称	实际出资情况			
	变更前		变更后	
	金额	所占份额	金额	所占份额
C公司	374 258.12	50.36％	374 258.12	47.40％
D公司	368 921.76	49.64％	368 921.76	46.72％
盐城达美有限公司	0.00	0.00	45 200.00	5.88％

股东代表签字：郝光宇　　邵素云　　苏俊林

2023年12月16日

电子发票（增值税专用发票）

发票号码：23322000000000041995
开票日期：2023年12月16日

购买方信息	名称：北京恒盛有限公司　　统一社会信用代码/纳税人识别号：911101012552442304				销售方信息	名称：盐城达美有限公司　　统一社会信用代码/纳税人识别号：913209031599402536			
甲	项目名称	规格型号	单位	数量	单价	金额		税率/征收率	税额
			件	400	100	40000.00		13％	5200.00
	合计					￥40000.00			￥5200.00
	价税合计（大写）	⊗ 肆万伍仟贰佰元整					（小写）￥45200.00		
备注	接受存货投资								

开票人：常彦忠

入 库 单

2023 年 12 月 16 日　　　　　　　　　　　编号:RK

产品编号	名称	规格	计量单位	数量	单位成本	金额	备注
KCSP00	甲		件	400			

交库人:李红梅　　　　　　　　　　　　　　　　　　　　　收货人:陈小雨

会计联

业务10　2023 年 12 月 31 日,取得原始凭证 1 张。

损益类账户发生额结转表

2023 年 12 月 31 日　　　　　　　　　　　　　　　　单位:元

总账科目	明细科目二	明细科目三	本期借方发生额	本期贷方发生额
主营业务收入	商品销售收入	甲		600 000.00
其他业务收入	材料销售收入	Q101		40 000.00
投资收益	交易手续费			234.00
营业外收入	罚款收入			3 000.00
主营业务成本	商品销售成本	甲	228 000.00	
其他业务成本	材料销售成本	Q101	22 400.00	
税金及附加	城市维护建设税		2 800.00	
税金及附加	教育费附加		1 200.00	
销售费用	广告费		20 000.00	
管理费用	工资		90 000.00	
管理费用	职工福利费		23 460.00	
管理费用	办公费		7 000.00	
管理费用	水电费		3 450.00	
管理费用	差旅费		1 200.00	
管理费用	折旧费		3 450.00	
财务费用	利息支出		1 677.00	
营业外支出	捐赠支出		50 000.00	
合计			454 637.00	643 234.00

审核:洪媚儿　　　　　　　　　　　　　　　　编制:谢小花

业务11　2023 年 12 月 31 日,取得原始凭证 1 张。

年度净利润计算及结转表

2023 年 12 月 31 日　　　　　　　　　　　　　　　　单位:元

项目	金额
1～11 月净利润	
12 月净利润	
年度净利润	

审核:　　　　　　　　　　　　　　　　　　　编制:

业务 12 2023 年 12 月 31 日,取得原始凭证 1 张。

计提盈余公积计算表

2023 年 12 月 31 日　　　　　　　　　　　　　　　金额单位:元

项　　目	计提比例	金　　额
法定盈余公积	10%	
合计		

审核:　　　　　　　　　　　　　　　　　　编制:

业务 13 2023 年 12 月 31 日,取得原始凭证 1 张。

计提盈余公积计算表

2023 年 12 月 31 日　　　　　　　　　　　　　　　金额单位:元

项　　目	计提比例	金　　额
任意盈余公积	10%	
合计		

审核:　　　　　　　　　　　　　　　　　　编制:

业务 14 2023 年 12 月 31 日,取得原始凭证 1 张。

股东大会决议

时间:2023 年 12 月 31 日
应到会股东人数:2 人
实际到会股东人数:2 人
经全体股东审议,一致通过如下决议:本公司截止到 2022 年 12 月 31 日的未分配利润 18 264 628.00 元(金额大写:壹仟捌佰贰拾陆万肆仟陆佰贰拾捌元整),现向全体股东分配现金利润 5 000 000.00 元(金额大写:伍佰万元整),按出资比例分配,其中 C 公司出资 50.36%,D 公司出资 49.64%。

股东签名:张向华　张艳青

北京恒盛有限公司
2023 年 12 月 31 日

业务 15 2023 年 12 月 31 日,取得原始凭证 1 张。

利润分配明细项目结转表

2023-12-31　　　　　　　　　　　　　　　　　　单位:元

项　　目	金　　额
提取法定盈余公积	
提取任意盈余公积	
应付现金股利	
合计	

审核:　　　　　　　　　　　　　　　　　　编制:

项目八　财务成果核算岗位收入、费用和利润项目

一、财务成果核算岗位职责

1. 熟悉《企业会计准则》等国家财务制度，认真贯彻执行国家的法律法规，按照国家统一会计制度规定设置收入、费用和利润核算的科目。

2. 审核各类原始票据凭证的真实性、合法性和完整性。

3. 能办理销售款项结算业务，负责收入利润的明细核算。

二、财务成果核算岗位素质要求

1. 掌握财务成果的具体核算要求，有较强的识票辩票能力，提升职业判断力。

2. 严格遵守《企业会计准则》、收入准则等的相关要求，确保计算和核算的准确性，形成严谨务实的工作态度和职业操守。

3. 熟练使用相关财务软件，具备扎实的专业技能。

三、实训任务

1. 进行收入、费用和利润的有关账务处理，完成自制原始凭证的填制任务。

2. 对于期末损益账户结转、利润结转和盈余公积计提进行正确处理。

3. 根据原始凭证编制记账凭证。

科目汇总表及管理费用总账　　　财务成果核算岗位收入费用和利润项目

业务1 2023年12月4日,取得原始凭证3张。

销 售 单

购货单位:宿迁长顺电子科技有限公司
地址和电话:江苏省宿迁市宿城区陈昌街肖延路91号 0527—85346053　　单据编号:XS
纳税识别号:913213029545638994
开户行及账号:中国建设银行宿迁市宿城区支行 41622124658573　　制单日期:2023-12-04

编码	产品名称	规格	单位	单价	数量	金额	备注
KCSP001	甲		件	113.00	1 500	169 500.00	含税价
合计	人民币(大写):壹拾陆万玖仟伍佰元整				—	￥169 500.00	

销售经理:王小欣　　经手人:林旭阳　　会计:谢小花　　签收人:王俊杰

电子发票(增值税专用发票)　　发票号码:23112000000000068298
开票日期:2023年12月04日

购买方信息	名称:宿迁长顺电子科技有限公司 统一社会信用代码/纳税人识别号:913213026554117253	销售方信息	名称:北京恒盛有限公司 统一社会信用代码/纳税人识别号:911101012552442304

项目名称	规格型号	单位	数量	单价	金额	税率/征收率	税额
甲		件	1500	100	150000.00	13%	19500.00
合计					￥150000.00		￥19500.00

价税合计(大写):壹拾陆万玖仟伍佰元整　　(小写)￥169500.00

备注:

开票人:王颖宏

中国建设银行客户专用回单

币别:人民币　　2023年12月04日　　流水号:110120027J0500810037

付款人	全称	宿迁长顺电子科技有限公司	收款人	全称	北京恒盛有限公司
	账号	41622124658573		账号	41622124077014
	开户行	中国建设银行宿迁市宿城区支行		开户行	中国建设银行北京市东城区支行
金额	人民币(大写)	壹拾陆万玖仟伍佰元整		(小写)	￥169 500.00
凭证种类	网银		凭证号码		
结算方式	转账		用途	货款	
			打印柜员:110125584257		
			打印机构:中国建设银行北京市东城区支行		
			打印卡号:41622124077014		

打印时间:2023-12-04　　交易柜员:110125584268　　交易机构:110159072

业务2 2023年12月5日,取得原始凭证4张。

销 售 单

购货单位:徐州华盛纺织有限公司
地址和电话:江苏省徐州市鼓楼区张雷街李志路09号 0516—40431297　　单据编号:XS
纳税识别号:913203026184338923
开户行及账号:中国建设银行徐州市鼓楼区支行 41622124878345　　制单日期:2023年12月05日

编码	产品名称	规格	单位	单价	数量	金额	备注
KCSP002	乙		件	169.50	40	6 780.00	含税价
合计	人民币(大写):陆仟柒佰捌拾元整				—	￥6 780.00	

销售经理:王小欣　　经手人:林旭阳　　会计:谢小花　　签收人:苏建勇

电子发票（增值税专用发票）

发票号码：23112000000000030979
开票日期：2023年12月05日

购买方信息	名称：徐州华盛纺织有限公司 统一社会信用代码/纳税人识别号：913203025753350087			销售方信息	名称：北京恒盛有限公司 统一社会信用代码/纳税人识别号：911101012552442304		
项目名称	规格型号	单位	数量	单价	金额	税率/征收率	税额
乙		件	40	150	6000.00	13%	780.00
合计					¥6000.00		¥780.00
价税合计(大写)	陆仟柒佰捌拾元整				(小写) ¥6780.00		
备注							

开票人：

货物运输服务

发票号码：23322000000000048427
开票日期：2023年12月05日

购买方信息	名称：徐州华盛纺织有限公司 统一社会信用代码/纳税人识别号：913203025753350087			销售方信息	名称：南通天天物流有限公司 统一社会信用代码/纳税人识别号：913206027937963123		
项目名称		单位	数量	单价	金额	税率/征收率	税额
*运输服务*运输费		次	1	800.00	800.00	9%	72.00
合计					¥800.00		¥72.00
运输工具种类	运输工具牌号		起运地	到达地		运输货物名称	
货车	车号：苏B50150		北京市东城区	徐州市鼓楼区		乙	
价税合计(大写)	捌佰柒拾贰元整				(小写) ¥872.00		
备注							

开票人：

中国建设银行
转账支票存根
10501156

附加信息 付款行账号：
41622124077014

出票日期 2023 年 12 月 05 日
收款人：南通天天物流有限公司
金　额：¥872.00
用　途：支付代垫运费
单位主管　　会计

业务3 2023年12月6日,取得原始凭证2张。

电子发票(增值税专用发票)

发票号码：23112000000000061229
开票日期：2023年12月30日

购买方信息	名称：北京恒盛有限公司 统一社会信用代码/纳税人识别号：911101012552442304	销售方信息	名称：华信传媒服务有限公司 统一社会信用代码/纳税人识别号：911101019676658951

项目名称	规格型号	单位	数量	单价	金额	税率/征收率	税额
*会议展览服务*其他广告发布服务		元	1	47169.81	47169.81	6%	2830.19
合计					¥47169.81		¥2830.19

价税合计(大写)	⊗ 伍万元整	(小写) ¥50000.00

备注	货物名称甲

开票人：刘志新

中国建设银行客户专用回单

币别：人民币   2023年12月06日   流水号：110120027J0500810082

付款人	全称	北京恒盛有限公司	收款人	全称	华信传媒服务有限公司
	账号	41622124077014		账号	41622124216061
	开户行	中国建设银行北京市东城区支行		开户行	中国建设银行北京市东城区支行

金额	人民币(大写) 伍万元整	(小写) ¥50 000.00

凭证种类	网银	凭证号码	
结算方式	转账	用途	支付广告宣传费

打印柜员：110125584257
打印机构：中国建设银行北京市东城区支行
打印卡号：41622124077014

打印时间：2023-12-06   交易柜员：110125584268   交易机构：110110565

业务4 2023年12月8日,取得原始凭证3张。

销 售 单

购货单位：常州阳光有限公司
地址和电话：江苏省常州市天宁区杨秋街满新路52号 0519—87045341   单据编号：XS
纳税识别号：913204023912136646
开户行及账号：中国建设银行常州市天宁区支行 41622124102799   制单日期：2023-12-08

编码	产品名称	规格	单位	单价	数量	金额	备注
KCSP001	甲		件	113.00	35	3 955.00	含税价
	折扣2%					−79.10	
合计	人民币(大写):叁仟捌佰柒拾伍元玖角整				—	¥3 875.90	

销售经理：王小欣   经手人：林旭阳   会计：谢小花   签收人：卢俊

电子发票（增值税专用发票）

发票号码：23112000000000099395
开票日期：2023年12月08日

购买方信息	名称：常州阳光有限公司 统一社会信用代码/纳税人识别号：913204022715212958		销售方信息	名称：北京恒盛有限公司 统一社会信用代码/纳税人识别号：911101012552442304		
项目名称	规格型号	单位	数量	单价	金额	税率/征收率	税额
甲		件	35	100	3500.00	13%	455.00
折扣2%					-70.00	13%	-9.10
合计					¥3430.00		¥445.90
价税合计（大写）	叁仟捌佰柒拾伍元玖角整				（小写）¥3875.90		
备注							

开票人：王颖宏

收 款 收 据

2023 年 12 月 08 日

今收到 常州阳光有限公司

交来 货款

金额（大写） ⊗佰⊗拾⊗万叁仟捌佰柒拾伍元玖角零分

¥3875.90   ☑现金   □转账支票   □其他

收款单位（盖章）

第三联 交财务

核准   会计   记账   出纳：王颖宏   经手人：黄闵

业务5 2023 年 12 月 10 日，取得原始凭证 2 张。

电子发票（增值税专用发票）

发票号码：23112000000000035028
开票日期：2023年12月10日

购买方信息	名称：常州江淮有限公司 统一社会信用代码/纳税人识别号：913204119445833965		销售方信息	名称：北京恒盛有限公司 统一社会信用代码/纳税人识别号：911101012552442304		
项目名称	规格型号	单位	数量	单价	金额	税率/征收率	税额
乙		件			-300	13%	-39.00
合计					¥-300.00		¥-39.00
价税合计（大写）	（负数）叁佰叁拾玖元整				（小写）¥-339.00		
备注	被红冲蓝字全电发票号码：23112000000000087143 红字发票信息确认单编号：35025222121000000000						

开票人：王颖宏

中国建设银行客户专用回单

币别：人民币　　　　　　　2023年12月10日　　　　流水号：110120027J0500810069

付款人	全称	北京恒盛有限公司	收款人	全称	常州江淮有限公司
	账号	41622124077014		账号	41622124116705
	开户行	中国建设银行北京市东城区支行		开户行	中国建设银行常州市新北区支行

金额	人民币（大写）叁佰叁拾玖元整	（小写）¥339.00
凭证种类	网银	凭证号码
结算方式	转账	用途　退款

打印柜员：110125584257
打印机构：中国建设银行北京市东城区支行　　（电子回单专用章）
打印卡号：41622124077014

打印时间：2023-12-10　　　交易柜员：110125584268　　　交易机构：110155638

业务6　2023年12月13日，取得原始凭证2张。

电子发票（增值税专用发票）　　发票号码：23112000000000033230
　　　　　　　　　　　　　　　开票日期：2023年12月10日

购买方信息	名称：北京恒盛有限公司				销售方信息	名称：北京信丰物流有限公司		
	统一社会信用代码/纳税人识别号：911101012552442304					统一社会信用代码/纳税人识别号：911101018389198828		

项目名称	规格型号	单位	数量	单价	金额	税率/征收率	税额
*货物运输服务*运输费		次	1	900.90	900.90	9%	81.08
合计					¥900.90		¥81.08

价税合计（大写）	玖佰捌拾壹元玖角捌分	（小写）¥981.98
备注	货物名称甲、乙	

开票人：王朝锋

中国建设银行客户专用回单

币别：人民币　　　　　　2023年12月13日　　　流水号：110120027J0500810064

付款人	全　称	北京恒盛有限公司	收款人	全　称	北京信丰物流有限公司
	账　号	41622124077014		账　号	41924996365271
	开户行	中国建设银行北京市东城区支行		开户行	交通银行北京市东城区支行
金　额	人民币（大写）	玖佰捌拾壹元玖角捌分			（小写）¥981.98
凭证种类	网银		凭证号码		
结算方式	转账		用途	支付运输装卸费	

汇划日期：2023-12-13　　汇划款项编号：00400142
报文顺序号：56763289　　汇出行行号：105005411528　　　打印柜员：110125584257
汇出行行名：中国建设银行北京市东城区支行　　　　　　　打印机构：中国建设银行北京市东城区支行
业务类型：0062　　　　　原凭证金额：981.98　　　　　　打印卡号：41622124077014
原凭证种类：0706　　　　原凭证号码：
附言：

打印时间：2023-12-13　　　交易柜员：110125584268　　　交易机构：110110570

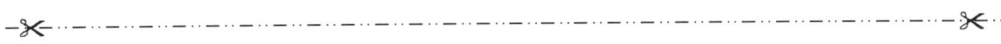

业务7　2023年12月15日，取得原始凭证2张。

中国建设银行客户专用回单

币别：人民币　　　　　　2023年12月15日　　　流水号：110120027J0500810038

付款人	全　称	北京恒盛有限公司	收款人	全　称	好家酒店有限公司
	账　号	41622124077014		账　号	41622124488592
	开户行	中国建设银行北京市东城区支行		开户行	中国建设银行北京市东城区支行
金　额	人民币（大写）	壹仟贰佰元整			（小写）¥1 200.00
凭证种类	网银		凭证号码		
结算方式	转账		用途	支付招待客户费	

打印柜员：110125584257
打印机构：中国建设银行北京市东城区支行
打印卡号：41622124077014

打印时间：2023-12-15　　　交易柜员：110125584268　　　交易机构：110110546

电子发票（普通发票）

发票号码：23112000000000070862
开票日期：2023年12月14日

购买方信息	名称：北京恒盛有限公司 统一社会信用代码/纳税人识别号：911101012552442304			销售方信息	名称：好家酒店有限公司 统一社会信用代码/纳税人识别号：911101010333524626		
项目名称	规格型号	单位	数量	单价	金额	税率/征收率	税额
*餐饮服务*餐饮费		次	1	1132.08	1132.08	6%	67.92
合计					￥1132.08		￥67.92
价税合计（大写）	⊗ 壹仟贰佰元整				（小写）￥1200.00		
备注							

开票人：张云晶

业务8 2023年12月16日，取得原始凭证2张。

销 售 单

购货单位：常州维达有限公司
地址和电话：江苏省常州市新北区孙胜街王恒路21号 0519—57165056　　　　**单据编号**：XS
纳税识别号：913204116525795734
开户行及账号：中国建设银行常州市新北区支行 41622124332217　　　**制单日期**：2023-12-16

编码	产品名称	规格	单位	单价	数量	金额	备注
KCSP001	甲		件	113.00	100	11 300.00	含税价
	安装服务		次	1 090.00	1	1 090.00	含税价
合计	人民币（大写）：壹万贰仟叁佰玖拾元整				—	￥12 390.00	

销售经理：王小欣　　经手人：林旭阳　　会计：谢小花　　签收人：白占立

电子发票（增值税专用发票）

发票号码：23112000000000089906
开票日期：2023年12月16日

购买方信息	名称：常州维达有限公司				销售方信息	名称：北京恒盛有限公司			
	统一社会信用代码/纳税人识别号：913204116525795734					统一社会信用代码/纳税人识别号：911101012552442304			

项目名称	规格型号	单位	数量	单价	金额	税率/征收率	税额
甲		件	100	100	10000.00	13%	1300.00
安装服务		次	1	1000	1000.00	9%	90.00
合计					¥11000.00		¥1390.00

价税合计（大写）	壹万贰仟叁佰玖拾元整	（小写）¥12390.00

备注	

开票人：王颖宏

业务9 2023年12月16日，取得原始凭证2张。

中国建设银行客户专用回单

币别：人民币　　2023年12月16日　　流水号：110120027J0500810033

付款人	全称	北京恒盛有限公司	收款人	全称	中国建设银行北京市东城区支行
	账号	41622124077014		账号	41047026112863
	开户行	中国建设银行北京市东城区支行		开户行	中国建设银行北京市东城区支行
金额		人民币（大写）叁元伍角整			（小写）¥3.50
凭证种类		网银	凭证号码		
结算方式		转账	用途		转账手续费
			打印柜员：110125584257		
			打印机构：中国建设银行北京市东城区支行		
			打印卡号：105160886874		

打印时间：2023-12-16　　交易柜员：110125584268　　交易机构：110110500541152808

电子发票（增值税专用发票）

发票号码：23112000000000045447
开票日期：2023年12月16日

购买方信息	名称：北京恒盛有限公司 统一社会信用代码/纳税人识别号：911101012552442304			销售方信息	名称：中国建设银行北京市东城区支行 统一社会信用代码/纳税人识别号：9111012511149008			
项目名称	规格型号	单位	数量	单价	金额	税率/征收率	税额	
*金融服务*直接收费金融服务		笔	1	3.30	3.30	6%	0.20	
合计					¥3.30		¥0.20	
价税合计（大写）		叁元伍角整				（小写）¥3.50		
备注								

开票人：李翠林

业务10 2023年12月20日，取得原始凭证2张。

中国建设银行客户专用回单

币别：人民币　　2023年12月20日　　流水号：110120027J0500810065

付款人	全　称	北京恒盛有限公司	收款人	全　称	北京信华办公用品有限公司
	账　号	41622124077014		账　号	41622124540824
	开户行	中国建设银行北京市东城区支行		开户行	中国建设银行北京市东城区支行
金　额	人民币（大写）	叁仟元整			（小写）¥3 000.00
凭证种类	网银		凭证号码		
结算方式	转账		用途		支付董事会
			打印柜员：110125584257		
			打印机构：中国建设银行北京市东城区支行		
			打印卡号：41622124077014		

打印时间：2023-12-20　　交易柜员：110125584268　　交易机构：110110550

电子发票（增值税专用发票）

发票号码：23112000000000081230
开票日期：2023年12月19日

购买方信息	名称：北京恒盛有限公司 统一社会信用代码/纳税人识别号：911101012552442304		销售方信息	名称：北京信华办公用品有限公司 统一社会信用代码/纳税人识别号：911101018571493813	
项目名称	规格型号	单位	数量	单价	金额	税率/征收率	税额
*会议展览服务*会议费		次	1	2830.19	2830.19	6%	169.81
合计					¥2830.19		¥169.81
价税合计（大写）	⊗ 叁仟元整				（小写）¥3000.00		
备注							

开票人：贾翠玲

业务 11 2023 年 12 月 21 日，取得原始凭证 2 张。

电子发票（增值税专用发票）

发票号码：23112000000000072478
开票日期：2023年12月21日

购买方信息	名称：南京宝利机电有限公司 统一社会信用代码/纳税人识别号：913201023245667806		销售方信息	名称：北京恒盛有限公司 统一社会信用代码/纳税人识别号：911101012552442304	
项目名称	规格型号	单位	数量	单价	金额	税率/征收率	税额
甲		件	-100	100	-10000.00	13%	-1300.00
合计					¥-10000.00		¥-1300.00
价税合计（大写）	⊗（负数）壹万壹仟叁佰元整				（小写）¥-11300.00		
备注	被红冲蓝字全电发票号码：23112000000000055820 红字发票信息确认单编号：35025222121000000000						

开票人：王颖宏

入　库　单

　　年　　月　　日　　　　　　　　　　　　　编号：RK

产品编号	名称	规格	计量单位	数量	单位成本	金额	备注
							以前月份销售，本月退货

交库人：赵新莉　　　　　　　　　　　　　　　　　收货人：

业务12 2023年12月21日,取得原始凭证2张。

销 售 单

购货单位:北京冠星汽车有限公司
地址和电话:北京市西城区孙岩街张克路62号 010—69256275　　　单据编号:XS
纳税识别号:911101028069719174
开户行及账号:中国工商银行北京市西城区支行 41729264992564　制单日期:2023年12月21日

编码	产品名称	规格	单位	单价	数量	金额	备注
KCSP002	乙		件	169.50	30	5 085.00	含税价
合计	人民币(大写):伍仟零捌拾伍元整				—	¥5 085.00	

销售经理:王小欣　　经手人:林旭阳　　会计:谢小花　　签收人:张德如

电子发票(增值税专用发票)　发票号码:23112000000000071574
　　　　　　　　　　　　　　开票日期:2023年12月21日

购买方信息	名称:北京冠星汽车有限公司 统一社会信用代码/纳税人识别号:911101028602492262				销售方信息	名称:北京恒盛有限公司 统一社会信用代码/纳税人识别号:911101012552442304			
项目名称	规格型号	单位	数量	单价	金额		税率/征收率	税额	
乙		件	30	150	4500.00		13%	585.00	
合计					¥4500.00			¥585.00	
价税合计(大写)	⊗ 伍仟零捌拾伍元整					(小写) ¥5085.00			
备注									

开票人:

业务13 2023年12月21日,取得原始凭证2张。

销 售 单

购货单位:常州苏新股份有限公司
地址和电话:江苏省常州市新北区杨继街杨宝路37号 0519—58884874　　　单据编号:XS
纳税识别号:913204112720149884
开户行及账号:中国工商银行常州市新北区支行 41601434386593　制单日期:2023年12月21日

编码	产品名称	规格	单位	单价	数量	金额	备注
KCSP002	乙		件	169.50	80	13 560.00	含税价
合计	人民币(大写)壹万叁仟伍佰陆拾元整				—	¥13 560.00	

销售经理:王小欣　　经手人:林旭阳　　会计:谢小花　　签收人:李萍

电子发票（增值税专用发票）

发票号码：23112000000000060017
开票日期：2023年12月21日

购买方信息	名称：常州苏新股份有限公司 统一社会信用代码/纳税人识别号：913204111270460128				销售方信息	名称：北京恒盛有限公司 统一社会信用代码/纳税人识别号：911101012552442304			
项目名称	规格型号	单位	数量	单价	金额		税率/征收率	税额	
乙		件	80	150	12000.00		13%	1560.00	
合计					￥12000.00			￥1560.00	
价税合计（大写）	⊗ 壹万叁仟伍佰陆拾元整					（小写）￥13560.00			
备注									

开票人：

业务14 2023年12月25日，取得原始凭证2张。

中国建设银行客户专用回单

币别：人民币　　　　　　2023年12月25日　　　流水号：110120027J0500810030

付款人	全称	常州苏新股份有限公司	收款人	全称	北京恒盛有限公司
	账号	41601434386593		账号	41622124077014
	开户行	中国工商银行常州市新北区支行		开户行	中国建设银行北京市东城区支行
金额	人民币（大写）	壹万叁仟叁佰贰拾元整		（小写）￥13 320.00	
凭证种类	网银		凭证号码		
结算方式	转账		用途	货款	

划汇日期：2023-12-25　　汇划款项编号：74276754
报文顺序号：34307069　　汇出行行号：102000005043　　打印柜员：110125584257
汇出行行名：中国工商银行常州市新北区支行　　打印机构：中国建设银行北京市东城区支行
业务类型：7641　　原凭证金额：13 320.00　　打印卡号：41622124077014
原始凭证种类：8475　　原凭证号码：
附言：

打印时间：2023-12-25　　　　交易柜员：110125584268　　　　交易机构：110152704

（中国建设银行 电子回单 北京市东城区支行）

购 销 合 同

购方：　常州苏新股份有限公司　　　　合同编号：　2023022

销方：　北京恒盛有限公司　　　　　　签订地点：　北京市

购销双方本着互利互惠、长期合作的原则，根据《中华人民共和国民法典》及双方的实际情况，就购方向销方采购事宜，订立本合同，以使双方在合同履行中共同遵守。

一、产品名称、数量、单价、金额：

产品名称	规格型号	计量单位	数量	单价	金额	备注
乙		件	80	169.50	13 560.00	含税
合计					￥13 560.00	

合计人民币（大写）：壹万叁仟伍佰陆拾元整

二、质量要求、技术标准、销方对质量负责的条件和期限：按合同企业标准。

三、(1)交（提）货地点、方式：江苏省常州市新北区杨继街杨宝路37号。
　　(2) 交货日期：2023-12-21。

四、付款时间与付款方式：现金折扣基数：不含税价，现金折扣条件：10天内付款折扣2%，20天内付款折扣1%，30天内付款折扣0，付款方式：转账。

五、运输方式及到站、港和费用负担：销方承担。

六、合理损耗及计算方法：以实际数量验收。

七、包装标准、包装物的供应与回收：普通包装，不回收包装物。

八、验收标准、方法及提出异议期限：货到后，方可在7天内提出质量异议，不包括运输过程中造成的质量问题。

九、违约责任：按《民法典》规定。

十、解决合同纠纷的方式：双方协商解决。

十一、其他约定事项：本合同一式两份，购、销双方各一份，经双方盖章后即生效。

购方（盖章）：常州苏新股份有限公司　　　　销方（盖章）：北京恒盛有限公司
单位地址：江苏省常州市新北区杨继街杨宝路37号　　单位地址：北京市东城区东连街楼必路75号
电话：0519—5888487　　　　　　　　　　　　电话：010—61744362
签订日期：2023-12-18　　　　　　　　　　　签订日期：2023-12-18
开户银行：中国工商银行常州市新北区支行　　开户银行：中国建设银行北京市东城区支行
账　　号：41601434386593　　　　　　　　账　　号：41622124077014

业务 15 2023 年 12 月 25 日，取得原始凭证 3 张。

电子发票（增值税专用发票）

发票号码：23112000000000065357
开票日期：2023年12月24日

购买方信息	名称：北京恒盛有限公司 统一社会信用代码/纳税人识别号：911101012552442304	销售方信息	名称：中国电信股份有限公司 统一社会信用代码/纳税人识别号：911101011383371798

项目名称	规格型号	单位	数量	单价	金额	税率/征收率	税额
电信基础服务		月	1	500.00	500.00	9%	45.00
合计					¥500.00		¥45.00
价税合计（大写）	⊗ 伍佰肆拾伍元整				（小写） ¥545.00		
备注							

开票人：杨春明

费用分配表

2023 年 12 月 25 日　　　　　　　　　　　　　　　　　单位：元

部门	分摊金额
办公室	500.00
合计	500.00

审核：洪媚儿　　　　　　　　　　　　　　　　　　编制：谢小花

中国建设银行客户专用回单

币别：人民币　　　　　2023 年 12 月 25 日　　　　流水号：110120027J0500810030

付款人	全称	北京恒盛有限公司	收款人	全称	中国电信股份有限公司北京市分公司
	账号	41622124077014		账号	41841124138749
	开户行	中国建设银行北京市东城区支行		开户行	中国建设银行北京市东城区支行
金额	人民币（大写）	伍佰肆拾伍元整		（小写）	¥545.00
凭证种类	网银		凭证号码		
结算方式	转账		用途		支付通信费

汇划日期：2023-12-25　　汇划款项编号：00402831
报文顺序号：56763208　　汇出行行号：105005411528　　打印柜员：110125584257
汇出行行名：中国建设银行北京市东城区支行　　　打印机构：中国建设银行北京市东城区支行
业务类型：0025　　　　原凭证金额：545.00　　　　打印卡号：41622124077014
原凭证种类：0707　　　原凭证号码：　　　　　　　专用章
附言：

打印时间：2023-12-25　　　　交易柜员：110125584268　　　交易机构：110110521

业务16 2023年12月26日,取得原始凭证6张。

差旅费报销单

2023年12月26日　　　　　　　　　　　　附原始单据5张

姓名	王小欣		工作部门		销售门市		出差事由		洽谈商务		
日期		地点		车船费		深夜补贴	途中补贴	住勤费		旅馆费	公交费	金额合计
起	讫	起	讫	车次或船名	时间	金额			地区	天数	补贴			
12月21日	12月23日	北京市	福州市			1 437.00			福州市	3	330.00	560.00		2 327.00

现金付讫

报销金额(大写)人民币	贰仟叁佰贰拾柒元整	合计(小写)¥2 327.00
补付金额:	退回金额:	

领导批准:张艳辉　　会计主管:洪媚儿　　部门负责人:王小欣　　审核:谢小花　　报销人:王小欣

航空运输电子客票行程单
ITINERARY/RECEIPT OF E-TICKET FOR AIR TRANSPORT

印刷序号:
SERIAL NUMBER: 11739 15828 5

旅客姓名 NAME OF PASSENGER	有效身份证件号码 ID.NO.	签注 ENDORSEMENTS/RESTRICTIONS(CARBON)
王小欣	110101197903021096	不得签转 LIYU 140586960

NFPCTY	承运人 CARRIER	航班号 FLIGHT	座位等级 CLASS	日期 DATE	时间 TIME	客票级别/客票类别 FARE BASIS	客票生效日期 NOTVAL ID BEFORE	有效截止日期 NOTVAL ID AFTER	免费行李 ALLOW
自 FROM 北京市	东航	MU6767	E	2023-12-21	8:25	ETD00			20kg
至 TO 福州市									
至 TO									
至 TO									

	票价 FARE CNY570.00	机场建设费 AIRPORT TAX CNY50.00	燃油附加费 FUEL SUECHANGE CNY60.00	其他税费 OTHER TAXES CNY0.00	合计 TUYAL CNY680.00

电子客票号码 7312380871778　　验证码 4848　　信息:东航派出北京在2号候机楼　　保险费 CNY0.00
E-TICKETON. CONJ67/68　　CK.　　　　　　　　　　　　　　　　　　　　　　　　　IMSURANCE

销售单位代号 BJN028　　填开单位 东方航空有限公司北京营业部　　填开日期 2023-12-21
NGENTCODE. 11055109　　ISSHEDBY　　　　　　　　　　　　　　　　DATE OF ISSUE

验填网址:WWW.TRAVELSKY.COM　服务热线:400-815 8888　短信验真;发送JP至10669018

航空运输电子客票行程单
ITINERARY/RECEIPT OF E-TICKET FOR AIR TRANSPORT

印刷序号:
SERIAL NUMBER: 12488 16829 6

旅客姓名 NAME OF PASSENGER	有效身份证件号码 ID.NO.	签注 ENDORSEMENTS/RESTRICTIONS(CARBON)
王小欣	110101197903021096	不得签转 GUORUI 161077680

NFPCTY	承运人 CARRIER	航班号 FLIGHT	座位等级 CLASS	日期 DATE	时间 TIME	客票级别/客票类别 FARE BASIS	客票生效日期 NOTVAL ID BEFORE	有效截止日期 NOTVAL ID AFTER	免费行李 ALLOW
自 FROM 福州市	东航	MU6806	E	2023-12-23	20:35	EID00			20kg
至 TO 北京市									
至 TO									
至 TO									

	票价 FARE CNY570.00	机场建设费 AIRPORT TAX CNY50.00	燃油附加费 FUEL SUECHANGE CNY60.00	其他税费 OTHER TAXES CNY0.00	合计 TUYAL CNY680.00

电子客票号码 6313360682588　　验证码 6105　　信息:东航派进出福州市在4号候机楼　　保险费 CNY0.00
E-TICKETON. CONJ85/86　　CK.　　　　　　　　　　　　　　　　　　　　　　　　　IMSURANCE

销售单位代号 DHJ055　　填开单位 东方航空有限公司营业部　　填开日期 2023-12-23
NGENTCODE. 12053106　　ISSHEDBY　　　　　　　　　　　　　　　　DATE OF ISSUE

验填网址:WWW.TRAVELSKY.COM　服务热线:400-815 8888　短信验真;发送JP至10669018

购买方信息	名称：北京恒盛有限公司					销售方信息	名称：星络酒店有限公司	
	统一社会信用代码/纳税人识别号：911101017690690112						统一社会信用代码/纳税人识别号：913501025270945526	
项目名称	规格型号	单位	数量	单价	金额		税率/征收率	税额
*住宿服务*住宿费		晚	2	264.15	528.30		6%	31.70
合计					¥528.30			¥31.70
价税合计(大写)	⊗ 伍佰陆拾元整					(小写) ¥560.00		
备注								

开票人：刘友

电子发票（增值税专用发票）
发票号码：23322000000000029052
开票日期：2023年09月07日

业务 17 2023 年 12 月 29 日，取得原始凭证 2 张。

中国建设银行客户专用回单

币别：人民币　　　　　　　　　2023 年 12 月 29 日　　　　流水号：110120027J0500810062

付款人	全 称	北京恒盛有限公司	收款人	全 称	天键会计师事务所有限公司
	账 号	41622124077014		账 号	41622124568247
	开户行	中国建设银行北京市东城区支行		开户行	中国建设银行北京市房山区支行
金 额	人民币（大写）壹仟捌佰元整			（小写）￥1 800.00	
凭证种类	网银		凭证号码		
结算方式	转账		用途	支付咨询服务费	
			打印柜员：110125584257		
			打印机构：中国建设银行北京市东城区支行		
			打印卡号：41622124077014		

打印时间：2023-12-29　　　　交易柜员：110125584268　　　　交易机构：110110503

电子发票（增值税专用发票）　　　发票号码：23112000000000080240
　　　　　　　　　　　　　　　　开票日期：2023年12月28日

购买方信息	名称：北京恒盛有限公司			销售方信息	名称：天键会计师事务所有限公司		
	统一社会信用代码/纳税人识别号：911101012552442304				统一社会信用代码/纳税人识别号：911101116337913193		

项目名称	规格型号	单位	数量	单价	金额	税率/征收率	税额
*咨询服务*咨询费		次	1	1698.11	1698.11	6%	101.89
合计					￥1698.11		￥101.89
价税合计（大写）	⊗ 壹仟捌佰元整			（小写）￥1800.00			
备注							

开票人：贾广民

业务 18 2023 年 12 月 31 日，取得原始凭证 2 张。

单位产品成本计算单

2023 年 12 月 31 日　　　　　　　　金额单位：元

产品名称	期初结存		本期入库		单位成本
	数量（件）	金额	数量（件）	金额	
甲					
乙					
合计					

审核：　　　　　　　　　　　　　　　　　编制：

销售产品成本结转表

2023 年 12 月 31 日　　　　　　　　　　　　　金额单位:元

领用部门	用途	甲		乙		合计
		数量(件)	金额	数量(件)	金额	
销售门市	销售领用					
合计						

审核:　　　　　　　　　　　　　　　　　　　　　编制:

业务 19　2023 年 12 月 31 日,取得原始凭证 1 张。

损益类账户发生额结转表

2023 年 12 月 31 日　　　　　　　　　　　　　　　单位:元

总账科目名称	本期借方发生额	本期贷方发生额
合计		

审核:　　　　　　　　　　　　　　　　　　　　　编制:

业务 20　2023 年 12 月 31 日,取得原始凭证 1 张。

年度净利润计算及结转表

2023 年 12 月 31 日　　　　　　　　　　　　　　　单位:元

项　　　目	金　　额
1～11 月净利润	
12 月净利润	
年度净利润	

审核:　　　　　　　　　　　　　　　　　　　　　编制:

项目九　资本基金核算岗位金融资产项目

一、资本基金核算岗位职责

1. 熟悉《企业会计准则》等国家财务制度，认真贯彻执行国家的法律法规，按照国家统一会计制度规定设置金融资产核算的科目。
2. 审核各类原始票据凭证的真实性、合法性和完整性。
3. 应根据企业的发展规划做好筹资计划，以保证生产经营资金的需要。
4. 发行股票或债券，必须按法定程序认真准备，尽量避免或减少筹资失败带来的损失。
5. 科学地确定筹资数量，控制资金投放时间，从数量上保证，并在时间上衔接，认真选择筹资渠道和筹资方式，降低资金成本，注意安排筹资结构，降低筹资风险。

二、资本基金核算岗位素质要求

1. 掌握财务成果的具体核算要求，有较强的识票辩票能力，提升职业判断力。
2. 严格遵守《企业会计准则》、收入准则等的相关要求，确保计算和核算的准确性，形成严谨务实的工作态度和职业操守。
3. 熟练使用相关财务软件，具备扎实的专业技能。

三、实训任务

1. 进行交易性金融资产取得、公允价值变动、出售及相关税费的有关账务处理
2. 根据原始凭证编制记账凭证。

资本基金核算岗位金融资产项目

业务1 2023年12月1日,取得原始凭证4张。

经理办公会议纪要

企业拟以不高于每股12元的价格买入江苏易方达发行在外的500股股票,划分为交易性金融资产。

参加人员:洪媚儿　张艳辉　王小欣

2023年11月29日

交 割 单

营业部名:北京华兴证券服务股份有限公司
股东姓名:北京恒盛有限公司
资金账户:2519371341
当前币种:人民币

成交日期	操作	证券代码	证券名称	成交数量	成交均价	成交金额	手续费	印花税	其他费用	结算金额	账户	交易市场
2023-11-30	买入	007766	江苏易方达	500	12.00	6 000.00	5.30	0.00	0.00	6 005.30	2519371341	深圳证券

电子发票（增值税专用发票）

发票号码:23112000000000088385
开票日期:2023年12月01日

购买方信息	名称:北京恒盛有限公司		销售方信息	名称:北京华兴证券服务股份有限公司	
	统一社会信用代码/纳税人识别号:911101012552442304			统一社会信用代码/纳税人识别号:911101019110101911101	

项目名称	规格型号	单位	数量	单价	金额	税率/征收率	税额
*金融服务*直接收费金融服务		笔	1	5.00	5.00	6%	0.30
合计					￥5.00		￥0.30
价税合计(大写)	⊗ 伍元叁角整				(小写) ￥5.30		
备注							

开票人:陈静

金融商品台账

证券代码及名称:0007766 江苏易方达　　　　单位:元

购入日期	购入数量(股)	单位买入价	买入价
2023-11-30	500	12.00	6 000.00

业务2 2023年12月2日,取得原始凭证4张。

经理办公会议纪要

企业拟以不高于每股9元的价格买入江苏华纳发行在外的1 000股股票,划分为交易性金融资产。

参加人员:洪媚儿 张艳辉 王小欣

2023年11月30日

交 割 单

营业部名:北京华兴证券服务股份有限公司
股东姓名:北京恒盛有限公司
资金账户:2519371341
当前币种:人民币

成交日期	操作	证券代码	证券名称	成交数量	成交均价	成交金额	手续费	印花税	其他费用	结算金额	账户	交易市场
2023-12-01	买入	008899	江苏华纳	1 000	9.00	9 000.00	5.30	0.00	0.00	9 005.30	2519371341	深圳证券

电子发票(增值税专用发票)　　发票号码:23112000000000070367
　　　　　　　　　　　　　　　开票日期:2023年12月02日

购买方信息	名称:北京恒盛有限公司 统一社会信用代码/纳税人识别号:911101012552442304	销售方信息	名称:北京华兴证券服务股份有限公司 统一社会信用代码/纳税人识别号:91110101911101011101

项目名称	规格型号	单位	数量	单价	金额	税率/征收率	税额
*金融服务*直接收费金融服务		笔	1	5.00	5.00	6%	0.30
合计					¥5.00		¥0.30

价税合计(大写)	⊗ 伍元叁角整	(小写) ¥5.30

备注	

开票人:赵志伟

金融商品台账
证券代码及名称:008899 江苏华纳　　　　　　　　　单位:元

购入日期	购入数量(股)	单位买入价	买入价
2023-12-01	1 000	9.00	9 000.00

业务3 2023年12月4日,取得原始凭证4张。

经理办公会议纪要

企业拟购入南京鸿运发行的面值为5元的债券1 000张,划分为交易性金融资产。

参加人员:洪媚儿　张艳辉　王小欣

2023年12月2日

交 割 单

营业部名:北京华兴证券服务股份有限公司
股东姓名:北京恒盛有限公司
资金账户:2519371341
当前币种:人民币

成交日期	操作	证券代码	证券名称	成交数量	面值	成交单价	成交金额	手续费	其他费用	结算金额	账户	交易市场
2023-12-03	买入	001122	南京鸿运	1 000	5.00	6.00	6 000.00	1.20	0.00	6 001.20	2519371341	深圳证券

电子发票(增值税专用发票)　　发票号码:23112000000000051568
开票日期:2023年12月04日

购买方信息	名称:北京恒盛有限公司					销售方信息	名称:北京华兴证券服务股份有限公司			
	统一社会信用代码/纳税人识别号:911101012552442304						统一社会信用代码/纳税人识别号:911101019110101911101			

项目名称	规格型号	单位	数量	单价	金额	税率/征收率	税额
*金融服务*直接收费金融服务		笔	1	1.13	1.13	6%	0.07
合计					¥1.13		¥0.07
价税合计(大写)	⊗ 壹元贰角整				(小写)¥1.20		
备注							

开票人:宋立新

金融商品台账

证券代码及名称:001122 南京鸿运　　　　　　　　单位:元

购入日期	购入数量(张)	单位买入价	买入价
2023-12-03	1 000	6.00	6 000.00

业务4 2023年12月5日,取得原始凭证2张。

股东会决议

时间:2023年12月03日

应到会股东人数:2人

实际到会股东人数:2人

公司拟用货币资金50 000.00元(人民币伍万元整)向常州阳光有限公司投资,持股比例10%,划分为其他权益工具投资并准备长期持有。

股东签名:朱雅颜　张叶

北京恒盛有限公司

2023年12月03日

业务5 2023年12月8日,取得原始凭证2张。

股东会决议

时间:2023年12月06日

应到会股东人数:2人

实际到会股东人数:2人

企业拟用货币资金900 000.00元(人民币玖拾万元整)对新设的文达设计服务有限公司进行投资,持股比例60%,能控制被投资企业并准备长期持有。

股东签名:朱雅颜　张叶

北京恒盛有限公司

2023年12月06日

业务6 2023年12月9日,取得原始凭证4张。

经理办公会议纪要
企业拟购入江苏舜天发行的面值为8元的债券3 000张,划分为交易性金融资产。
参加人员:洪媚儿　张艳辉　王小欣　　　　　　　　　　　　　　　2023年12月07日

交 割 单

营业部名:北京华兴证券服务股份有限公司
股东姓名:北京恒盛有限公司
资金账户:2519371341
当前币种:人民币

成交日期	操作	证券代码	证券名称	成交数量	面值	成交单价	成交金额	手续费	其他费用	结算金额	账户	交易市场
2023-12-08	买入	600287	江苏舜天	3 000	8.00	8.00	24 000.00	4.80	0.00	24 004.80	2519371341	上海证券

电子发票（增值税专用发票）

发票号码：23112000000000075841
开票日期：2023年12月09日

购买方信息	名称：北京恒盛有限公司 统一社会信用代码/纳税人识别号：911101012552442304		销售方信息	名称：北京华兴证券服务股份有限公司 统一社会信用代码/纳税人识别号：91110101911101011101		
项目名称	规格型号	单位	数量	单价	金额	税率/征收率	税额
*金融服务*直接收费金融服务		笔	1	4.53	4.53	6%	0.27
合计					￥4.53		￥0.27
价税合计(大写)	⊗ 肆元捌角整				(小写) ￥4.80		
备注							

开票人：金启旺

金融商品台账

证券代码及名称：002211 江苏舜天中　　　　　　　单位：元

购入日期	购入数量(张)	单位买入价	买入价
2023-12-08	3 000	8.00	24 000.00

业务7 2023年12月10日,取得原始凭证4张。

股东大会决议

时间：2023年12月08日
应到会股东人数：2人
实际到会股东人数：2人

企业拟用货币资金80 000.00元(人民币捌万元整)受让常州东方保温容器制造有限公司持有徐州华盛纺织有限公司30%的股权,不能控制被投资企业并准备长期持有。

股东签名：朱雅颜　张叶

北京恒盛有限公司
2023年12月08日

股权转让协议

转让方：常州东方保温容器制造有限公司

受让方：北京恒盛有限公司

  一、根据《中华人民共和国公司法》的有关规定，并经公司股东会会议决议，股东常州东方保温容器制造有限公司同意将其在徐州华盛纺织有限公司 30％股权以货币资金 ￥80 000.00（人民币捌万元整）转让给受让方北京恒盛有限公司。

  二、依照本协议转让的股权于 2023 年 12 月 10 日实施，即受让方通过转账支票将股权收购数支付给转让方。

  三、转让方自本协议规定的股权转让之日起，不再享受任何股东权利，同时也不对徐州华盛纺织有限公司承担任何责任。

  四、受让方自本协议规定的股权转让之日起，应当依法以其受让的股权为限，享受股东权利，同时也承担股东责任。

  五、如有一方违反本协议的，应协商解决；协商不成时，另一方有权向有管辖权的人民法院依法起诉。

  六、本协议经双方当事人签名、盖章后生效。

转让方（签字、盖章）：常州东方保温容器制造有限公司

受让方（签字、盖章）：北京恒盛有限公司

法定(授权)代表人：冯春

法定(授权)代表人：朱雅颜

本协议签订日期：2023 年 12 月 10 日

常州东方保温容器制造有限公司股权转让
所涉及的徐州华盛纺织有限公司
股东全部权益价值评估报告书

苏资评报字(2023)第 1208 号

摘　要

常州东方保温容器制造有限公司：

北京红杰资产评估股份有限公司接受常州东方保温容器制造有限公司的委托，就常州东方保温容器制造有限公司拟进行转让其持有徐州华盛纺织有限公司的股权之经济行为，对徐州华盛纺织有限公司股东全部权益在评估基准日的市场价值进行了评估。

1. 评估目的：确定徐州华盛纺织有限公司股东全部权益的市场价值，为委托方拟进行股权转让提供价值参考意见。

2. 评估对象与评估范围：评估对象为徐州华盛纺织有限公司股东全部权益价值，评估范围为徐州华盛纺织有限公司申报的全部资产及负债。

3. 评估基准日：2023 年 11 月 30 日。

4. 评估方法与价值标准：本次评估遵照中国有关资产评估的法令、法规，遵循独立、客观、科学的工作原则和持续经营原则、替代性原则、公开市场原则等有关经济原则，依据委估资产的实际状况、现行市场价格标准，以资产的持续使用和公开市场为前提，采用资产基础法进行评估，评估的价值类型为市场价值。

5. 评估结论：本公司评估人员对纳入评估范围的全部资产和负债进行了必要的勘察核实，对企业经营、财务、规划等方面进行了必要的尽职调查，对委托方和被评估企业提供的法律性文件、财务记录等相关资料进行了必要的核实、查证、估算、分析和调整等必要的评估程序，委估股东全部权益的评估结论如下：

在评估基准日 2023 年 11 月 30 日企业持续经营前提下，徐州华盛纺织有限公司申报的总资产为 653 300.00 元，总负债为 233 300.00 元，股东全部权益为 420 000.00 元。

采用资产基础法评估后的总资产为 703 300.00 元，总负债为 233 300.00 元，股东全部权益为 470 000.00 元，股东全部权益增值 50 000.00 元，增值率 11.90%。

6. 按现行规定，本评估报告的有效期为 1 年，即自 2023 年 12 月 10 日至 2024 年 12 月 09 日止。超过 1 年，需重新进行资产评估。

以上内容摘自资产评估报告书，欲了解本评估项目的全面情况，请认真阅读资产评估报告书全文，同时请报告使用者关注评估报告正文中的评估报告使用限制说明。

评估机构法定代表人：李　翠

中国注册资产评估师：王成乐　11018258　李佳杰　11017954

北京红杰资产评估股份有限公司
2023 年 12 月 10 日

业务 8　2023 年 12 月 15 日，取得原始凭证 3 张。（本业务暂不考虑转让金融商品应交增值税的处理）

经理办公会议纪要

企业拟以不低于每股 15.00 元的价格出售江苏易方达的股票 500 股。

参加人员：洪媚儿　张艳辉　王小欣

2023 年 12 月 14 日

交 割 单

营业部名：北京华兴证券服务股份有限公司
股东姓名：北京恒盛有限公司
资金账户：2519371341
当前币种：人民币

成交日期	操作	证券代码	证券名称	成交数量	成交均价	成交金额	手续费	印花税	其他费用	结算金额	账户	交易市场
2023-12-15	卖出	007766	江苏易方达	500	15.00	7 500.00	5.30	7.50	0.00	7487.20	2519371341	深圳证券

电子发票（增值税专用发票） 发票号码：23112000000000065228
开票日期：2023年12月15日

购买方信息	名称：北京恒盛有限公司 统一社会信用代码/纳税人识别号：911101012552442304	销售方信息	名称：北京华兴证券服务股份有限公司 统一社会信用代码/纳税人识别号：91110101911010191101

项目名称	规格型号	单位	数量	单价	金额	税率/征收率	税额
*金融服务*直接收费金融服务		笔	1	5.00	5.00	6%	0.30
合计					¥5.00		¥0.30

价税合计（大写）	⊗ 伍元叁角整	（小写） ¥5.30

备注	

开票人：魏智慧

业务 9　2023 年 12 月 31 日，取得原始凭证 1 张。

公允价值变动单
2023 年 12 月 31 日　　　　　　　　　　　　　　　　　　　单位：元

证券代码	证券名称	持有数量（股）	账面价值	收盘价	市值	公允价值变动
008899	江苏华纳	1 000	9 000.00	8.00	8 000.00	−1 000.00
合计			9 000.00		8 000.00	−1 000.00

审核：洪媚儿　　　　　　　　　　　　　　　　编制：谢小花

业务 10　2023 年 12 月 31 日，取得原始凭证 1 张。

公允价值变动单
2023 年 12 月 31 日　　　　　　　　　　　　　　　　　　　单位：元

证券代码	证券名称	持有数量（股）	账面价值	收盘价	市值	公允价值变动
001122	南京鸿运	1 000	5 000.00	6.00	6 000.00	1 000.00
合计			5 000.00		6 000.00	1 000.00

审核：洪媚儿　　　　　　　　　　　　　　　　编制：谢小花

业务 11 2023 年 12 月 31 日,取得原始凭证 2 张。

股东大会决议

时间:2023 年 12 月 17 日
应到会股东人数:2 人
实际到会股东人数:2 人
公司拟按 78 000.00 元(人民币柒万捌仟元整)的价格将长期持有的常州阳光有限公司 10%的股权出售给北京中远汽车有限公司。

股东签名:朱雅颜　张叶

北京恒盛有限公司
2023 年 12 月 17 日

中国建设银行客户专用回单

币别:人民币　　　2023 年 12 月 19 日　　　流水号:110120027J0500810028

付款人	全　称	北京中远汽车有限公司	收款人	全　称	北京恒盛有限公司
	账　号	41924996492642		账　号	41622124077014
	开户行	交通银行北京市朝阳区支行		开户行	中国建设银行北京市东城区支行
金　额	人民币(大写)	柒万捌仟元整		(小写)¥78 000.00	
凭证种类	网银		凭证号码		
结算方式	转账		用途	出售股权款	
			打印柜员:110125584257		
			打印机构:中国建设银行北京市东城区支行		
			打印卡号:105676841128		

打印时间:2023-12-19　　交易柜员:110125584268　　交易机构:1101105003

中国建设银行 电子回单 专用章

业务 12 2023 年 12 月 31 日,取得原始凭证 1 张。

股东大会决议

时间:2023 年 12 月 31 日
应到会股东人数:2 人
实际到会股东人数:2 人

经全体股东审议,一致通过如下决议:本公司截止到 2022 年 12 月 31 日的未分配利润 600 000.00 元(金额大写:陆拾万元整),现向全体股东分配现金利润 30 000 元(金额大写:叁万元整),按出资比例分配,其中 C 公司出资 50.36%,D 公司出资 49.64%。

股东签名:朱雅颜　张叶

北京恒盛有限公司
2023 年 12 月 31 日

业务 13 2023 年 12 月 31 日,取得原始凭证 1 张。

公允价值变动单

2023 年 12 月 31 日　　　　　　　　　　　　　　　　单位:元

证券代码	证券名称	持有数量(股)	账面价值	收盘价	市值	公允价值变动
008899	江苏华纳	1 000	9 000.00	8.50	8 500.00	−500.00
合计			9 000.00		8 500.00	−500.00

审核:洪媚儿　　　　　　　　　　　　　　　　编制:谢小花

业务 14 2023 年 12 月 31 日,取得原始凭证 1 张。

股东大会决议

公司利润分配方案已在 2023 年 12 月 31 日召开的 2023 年第三次临时股东大会审议通过,以公司实施利润分配的股权登记日总股份数 4 500 000 股为基数,向全体股东每股派发现金红利人民币 0.70 元(含税),共计派发现金红利总额人民币 3 150 000.00 元。股权登记日为 2024 年 01 月 31 日,除息日为 2024 年 02 月 01 日,现金红利发放日为 2024 年 02 月 08 日。

江苏华纳股东大会
2023 年 12 月 31 日

业务 15 2023 年 12 月 31 日,取得原始凭证 1 张。

公允价值变动单

2023 年 12 月 31 日　　　　　　　　　　　　　　　　单位:元

证券代码	证券名称	持有数量(股)	账面价值	收盘价	市值	公允价值变动
001122	南京鸿运	1 000	6 000.00	5.50	5 500.00	−500.00
合计			6 000.00		5 500.00	−500.00

审核:洪媚儿　　　　　　　　　　　　　　　　编制:谢小花

业务 16 2023 年 12 月 31 日,取得原始凭证 2 张。

交　割　单

营业部名:北京华兴证券服务股份有限公司
股东姓名:北京恒盛有限公司
资金账户:2519371341
当前币种:人民币

成交日期	操作	证券代码	证券名称	面值	成交数量	成交价格	成交金额	手续费	其他费用	结算金额	账户	交易市场
2023-12-31	利息收入	001122	南京鸿运							250.00	2519371341	深圳证券

交易性金融资产利息计算单

单位:元

日期	债券名称	应计利息	利息收入
2023-12-31	南京鸿运	250.00	250.00
合计		250.00	250.00

审计:洪媚儿　　　　　　　　　　　　　　　　编制:谢小花

业务17　2023年12月31日,取得原始凭证1张。

公允价值变动单

2023年12月31日　　　　　　　　　单位:元

证券代码	证券名称	持有数量(股)	账面价值	收盘价	市值	公允价值变动
600287	江苏舜天	3 000	24 000.00	10.00	30 000.00	6 000.00
合计			24 000.00		30 000.00	6 000.00

审核:洪媚儿　　　　　　　　　　　　　　　　编制:谢小花

业务18　2023年12月31日,取得原始凭证2张。

交　割　单

营业部名:北京华兴证券服务股份有限公司
股东姓名:北京恒盛有限公司
资金账户:2519371341
当前币种:人民币

成交日期	操作	证券代码	证券名称	面值	成交数量	成交价格	成交金额	手续费	其他费用	结算金额	账户	交易市场
2023-12-31	利息收入		江苏舜天							1 200.00	2519371341	上海证券

交易性金融资产利息计算单

单位:元

日期	债券名称	应计利息	利息收入
2023-12-31	江苏舜天	1 200.00	1 200.00
合计		1 200.00	1 200.00

审核:洪媚儿　　　　　　　　　　　　　　　　编制:许小花

业务19　2023年12月31日,取得原始凭证1张。

股东大会决议

时间:2023年12月31日
应到会股东人数:3人
实际到会股东人数:3人
经全体股东审议,一致通过如下决议:本公司截止到2022年12月31日未分配利润75 000.00元(人民币柒万伍仟元整),现向全体股东分配现金利润30 000.00元(人民币叁万元整),按出资比例分配,其中:北京恒盛有限公司出资10.00%,何兰亭出资25.00%,吴江华出资65.00%。

股东签名　朱雅颜　何兰亭　吴江华

常州阳光有限公司
2023年12月31日

业务20　2023年12月31日,取得原始凭证3张。

股东大会决议

时间:2023年12月31日
应到会股东人数:2人
实际到会股东人数:2人
企业拟以100 100.00元(人民币壹拾万零壹佰元整)的价格将长期持有且不能控制的无锡中超有限公司35%的股权,全部出售给重庆爱家贸易有限公司。

股东签名　朱雅颜　张叶

北京恒盛有限公司
2023年12月31日

中国建设银行客户专用回单

币别:人民币　　　　2023年12月31日　　　流水号:110120027J0500810078

付款人	全称	重庆爱家贸易有限公司	收款人	全称	北京恒盛有限公司
	账号	41924996261527		账号	41622124077014
	开户行	交通银行重庆市万州区支行		开户行	中国建设银行北京市东城区支行
金额	人民币(大写)	壹拾万零壹佰元整		(小写)¥100 100.00	
凭证种类	网银		凭证号码		
结算方式	转账		用途	股权转让款	

汇划日期:2023-12-31　　汇划款项编号:31272903
报文顺序号:46185331　　汇出行行号:301001313821
汇出行行名:交通银行重庆市万州区支行
业务类型:6268　　　　　原凭证金额:100 100.00
原凭证种类:0703　　　　原凭证号码:
附言:

打印柜员:110125584257
打印机构:中国建设银行北京市东城区支行
打印卡号:41622124077014

中国建设银行 电子回单 专用章

打印时间:2023-12-31　　交易柜员:110125584268　　交易机构:110134167

股权转让协议

转让方：北京恒盛有限公司
受让方：重庆爱家贸易有限公司

  一、根据《中华人民共和国公司法》第七十二条的规定，并经公司股东会会议决议，股东北京恒盛有限公司同意将其在无锡中超有限公司 35％股权以人民币￥100 100.00（人民币壹拾万零壹佰元整）转让给受让方重庆爱家贸易有限公司。

  二、依照本协议转让的股权于2023年12月31日实施，即受让方通过网银将股权收购款支付给转让方。

  三、转让方自本协议规定的股权转让之日起，不再享受任何股东权利，同时也不对无锡中超有限公司承担任何责任。

  四、受让方自本协议规定的股权转让之日起，应当依法以其受让的股权为限，享受股东权利，同时也承担股东责任。

  五、如有一方违反本协议的，应协商解决；协商不成时，另一方有权向有管辖权的人民法院依法起诉。

  六、本协议经双方当事人签名、盖章后生效。

转让方(签字、盖章)：北京恒盛有限公司

法定(授权)代表人：朱雅颜

受让方(签字、盖章)：重庆爱家贸易有限公司

法定(授权)代表人：刘占

本协议签订日期：2023年12月31日

业务21 2023年12月31日，取得原始凭证1张。（投资类型：长期股权投资，核算方法：权益法）

股东大会决议

时间：2023年12月31日
应到会股东人数：3人
实际到会股东人数：3人

经全体股东审议，一致通过如下决议：本公司截止到2022年12月31日未分配利润25 000.00元（人民币贰万伍仟元整），现向全体股东分配现金利润10 000.00元（人民币壹万元整），按出资比例分配，其中：北京恒盛有限公司出资40.00％，梁焕平出资25.00％，边有命出资35.00％。

股东签名 朱雅颜 梁焕平 边有命

淮安凤翔设备有限公司
2023年12月31日

业务 22 2023 年 12 月 31 日,取得原始凭证 1 张。

股东大会决议

时间:2023 年 12 月 31 日
应到会股东人数:3 人
实际到会股东人数:3 人
经全体股东审议,一致通过如下决议:本公司截止到 2022 年 12 月 31 日未分配利润 72 500.00 元(人民币柒万贰仟伍佰元整),现向全体股东分配现金利润 29 000.00 元(人民币贰万玖仟元整),按出资比例分配,其中:北京恒盛有限公司出资 15.00%,樊金贵出资 25.00%,何兴出资 60.00%。

股东签名　朱雅颜　樊金贵　何兴

无锡荣轩有限公司
2023 年 12 月 31 日

项目十　总账报表岗位会计报表编制项目

一、总账报表岗位职责

1. 负责每月的记账、结账,以及计算机的各种期末处理,打印出各种汇总表。
2. 负责各种报表的编制工作,并按规定编写报表说明;报表要做到数据真实、计算准确、内容完整、字迹工整、装订整齐。
3. 负责将经领导审核后的报表及时送到有关单位和部门。
4. 负责向领导提供各种财务信息与数据。

二、总账报表岗位素质要求

1. 掌握财务会计报表填制的要求,有较强的责任心、严谨务实的工作精神和敏锐的职业判断力。
2. 具有团队合作精神,有较强的服务意识。

三、实训任务

1. 进行科目汇总表的编制。
2. 进行资产负债表的编制。
3. 进行利润表的编制。

(1) 根据项目二"债权债务核算岗位往来款项项目"的资料编制 2023 年 12 月份的科目汇总表。（按月编制）

科 目 汇 总 表

年　　月　　日至　　月　　日

编号：1　　附件共　　张

凭证号数	第 号至 号共 张
	第 号至 号共 张
	第 号至 号共 张

会计科目	总页	借方金额										贷方金额									
		十	亿	千	百	十	万	千	百	十	元	角	分	十	亿	千	百	十	万	千	百	十	元	角	分
合计																						

财会主管：　　　　　　　　　　　　　　　　　　　　　　　　　　　　　　　记账：

(2) 根据项目八"财务成果核算岗位收入、费用、利润项目"的资料编制 2023 年 12 月份的科目汇总表。（按月编制）

科　目　汇　总　表

年　　月　　日至　　月　　日

		凭证号数	编号：1　　附件共　　张
			第　号至　号共　张
			第　号至　号共　张
			第　号至　号共　张

会计科目	总页	借方金额										贷方金额									
		十亿	千	百	十万	千	百	十	元	角	分	十亿	千	百	十万	千	百	十	元	角	分
合计																					

财会主管：　　　记账：

(3) 根据2023年12月份的科目汇总表(项目八)等资料编制公司2023年12月份的资产负债表和利润表。

资产负债表

会企01表

编制单位： ___年___月___日 单位:元

资产	期末余额	上年年末余额	负债和所有者权益（或股东权益）	期末余额	上年年末余额
流动资产：			流动负债：		
货币资金			短期借款		
交易性金融资产			交易性金融负债		
衍生金融资产			衍生金融负债		
应收票据			应付票据		
应收账款			应付账款		
应收款项融资			预收款项		
预付款项			合同负债		
其他应收款			应付职工薪酬		
存货			应交税费		
合同资产			其他应付款		
持有待售资产			持有待售负债		
一年内到期的非流动资产			一年内到期的非流动负债		
其他流动资产			其他流动负债		
流动资产合计			流动负债合计		
非流动资产：			非流动负债：		
债权投资			长期借款		
其他债权投资			应付债券		
长期应收款			其中:优先股		
长期股权投资			永续债		
其他权益工具投资			租赁负债		
其他非流动金融资产			长期应付款		
投资性房地产			预计负债		
固定资产			递延收益		
在建工程			递延所得税负债		
生产性生物资产			其他非流动负债		
油气资产			非流动负债合计		
使用权资产			负债合计		
无形资产			所有者权益(或股东权益)：		
开发支出			实收资本(或股本)		
商誉			其他权益工具		
长期待摊费用			其中:优先股		
递延所得税资产			永续债		
其他非流动资产			资本公积		
非流动资产合计			减:库存股		
			其他综合收益		
			专项储备		
			盈余公积		
			未分配利润		
			所有者权益(或股东权益)合计		
资产总计			负债和所有者权益(或股东权益)总计		

利 润 表

会企 02 表

编制单位： ___年___月 单位：元

项　　目	本期金额	上期金额
一、营业收入		
减：营业成本		
税金及附加		
销售费用		
管理费用		
研发费用		
财务费用		
其中：利息费用		
利息收入		
加：其他收益		
投资收益（损失以"－"号填列）		
其中：对联营企业和合营企业的投资收益		
以摊余成本计量的金融资产终止确认收益（损失以"－"号填列）		
净敞口套期收益（损失以"－"号填列）		
公允价值变动收益（损失以"－"号填列）		
信用减值损失（损失以"－"号填列）		
资产减值损失（损失以"－"号填列）		
资产处置收益（损失以"－"号填列）		
二、营业利润（亏损以"－"号填列）		
加：营业外收入		
减：营业外支出		
三、利润总额（亏损总额以"－"号填列）		
减：所得税费用		
四、净利润（净亏损以"－"号填列）		
（一）持续经营净利润（净亏损以"－"号填列）		
（二）终止经营净利润（净亏损以"－"号填列）		
五、其他综合收益的税后净额		
（一）不能重分类进损益的其他综合收益		
1. 重新计量设定受益计划变动额		
2. 权益法下不能转损益的其他综合收益		
3. 其他权益工具投资公允价值变动		
4. 企业自身信用风险公允价值变动		
……		
（二）将重分类进损益的其他综合收益		
1. 权益法下可转损益的其他综合收益		
2. 其他债权投资公允价值变动		
3. 金融资产重分类计入其他综合收益的金额		
4. 其他债权投资信用减值准备		
5. 现金流量套期储备		
6. 外币财务报表折算差额		
……		
六、综合收益总额		
七、每股收益：		
（一）基本每股收益		
（二）稀释每股收益